U0095298

Owen Lattimore &
Eleanor Lattimore

China :
A Short History

拉铁摩尔
中国史

〔美〕 欧文·拉铁摩尔
〔美〕 埃莉诺·拉铁摩尔 著

李稳稳 译
袁剑 校

Owen Lattimore
拉铁摩尔
著作集
Collection of works

上海人民出版社　　LUMINAIRE BOOKS
光启书局

献给戴维

For David

很高兴更多的拉铁摩尔作品在中国出版。我确信，如果我的父亲仍然在世，他也同样如此！

——戴维·拉铁摩尔

I am delighted to hear you want to publish more of the books. I know my father would be too if he were alive!

David Lattimore

目录

一个"20世纪人"眼中的中国与世界

——"拉铁摩尔著作集"代序

中国离不开世界,世界也离不开中国。作为一个东方文明古国和大国,中国不管是在古代、近代还是当代,都扮演着关键的角色,也必将对未来有更大的贡献。过去的 20 世纪,风云变幻,两次世界大战改变了我们理解本国与外部世界的方式,而与之相关的地缘政治变动则决定性地塑造了东亚乃至整个世界的秩序结构。时至今日,这一秩序结构依然影响着我们的自我认知、周边意识与世界感觉。

历史往往惊人地相似。正如马可·波罗的经历与记述在某种程度上影响了域外对古代中国尤其是元朝的认识一样,20 世纪来华的一批后来被称为"中国通"的西方人,则在某种程度上影响着域外国家社会与民众对华的系统理解与认知，其中包括对于一战、二战乃至冷战的理解，当然也会涉及关于中国革命、抗日战争、东亚秩序以及大国竞争的重要议题。时光流逝，这批人大多已经逝去，但二战后的世界秩序结构依然在东亚留存，这些议题依然富有历史性与启发性的意义，能够使我们在自主性地认识与周边、域外关系的同时，去了解一些曾经有过的分析与讨论，从而为我们提供可供参照和比较的 20 世纪体验与概括。

　　欧文·拉铁摩尔（Owen Lattimore，1900—1989）就是其中的一位。从生命历程来看，他是个彻底的"20 世纪人"，作为一位著名的"中国通"，他在中国度过了青少年时代，将中国视为"第二故乡"，并在中国近现代政治史上扮演过重要角色。在青年时代成为第一个走遍中国内地各区域的美国佬之后，他实现了那批"20 世纪人"最具魅力的目标：在理解中国社会的同时，也了解中国的政治。紧随斯诺之后，他参加的"美亚"小组一行在 1937 年 6 月访问红色圣地——延安，虽然只有短短几天，但对他的影响却是终身的。这次访问，不仅让他得以理解中国共产党人，同时也获得了革命左翼关于"解放"与"同情"的知识启蒙，更为自己打上了"亲华"与"知华"的烙印，当然，这也使他本人后来在 50 年代成为美国国内麦卡锡主义的主要攻击对象，无依无靠之下被迫远走英伦。而他在 40 年代受时任美国总统罗斯福的推荐，担任蒋介石的私人顾问，则成为那个时代独特性的一个标志，而他也在对中国抗战的理解与支持中，认识到了未来中国蕴含的力量，中国的事务也要由中国人来掌握。随着中美关系转暖，1972年，受周恩来总理邀请，拉铁摩尔得以在古稀之年踏上新中国的土地。那个他青少年时代曾经残破不堪的"第二故乡"，如今正在世界舞台中独自掌握着自己的命运。毫无疑问，这是中国人的中国。

张骞式的体验，或者用现在时髦的词汇来说——田野调查（fieldwork），塑造了拉铁摩尔本人学术表达背后的迷人之处。在回忆文章中，拉铁摩尔记述了他了解中国的"接地气"方式。在多次出差之旅中，他都放弃了那些之前洋人传统的老爷作派，在没有翻译、仆人或补给的情况下，轻装前行。自己一般都会乘火车抵达最近的地方，然后或许会换乘骡车，前往他所服务的商行寻找要做生意的中国伙伴——一家建有院墙的老式商行，里面既有仓库又有商铺；掌柜、职员和学徒全都在这里工作、吃饭和睡觉。掌柜起初会因为他要求在房间里共事并参与日常事务而感到慌乱；等了一段时间后，他们会发现，这个办法挺不错，还方便办事。在吃饭的闲暇当口，在晚上，或者在等待官员视察的百无聊赖之际，大家都会海阔天空地侃大山，从政治到经济，无所不包。每次出差之后，他都会收获一大帮子朋友。在如今这个旅行方式日益多样化的时代，我们每个人理解周边与外部世界的方式也变得越来越个人化，但有一点可以肯定的是，在我们对作为整体的中国与世界的理解之外，去更深入地认识中国的基层社会与生活世界，认识中国广袤的边疆地区，将使我们的知识图景更为完整。

"在骆驼商队和铁路货车之间堆放着货物。那里只有两步或者四步的距离，却弥合了两千年的鸿沟，在商队来回进入将大汉王朝和罗马帝国两相分隔的古典时代以及蒸汽时代之间，摧毁了过去，开启了未来。"这种突然的感觉，开启了拉铁摩尔理解和认识中国的生命之旅。如今，在我们看来，开启未来的旅程，不必再以摧毁过去为前提，未来与过去可以兼容。司马迁有言，通古今之变，成一家之言。在上海人民出版社、光启书局的大力支持下，"拉铁摩尔著作集"终于应运而生，这契合我们当下思考中国与世界之关系的时代呼声，同时又呈现了拉铁摩尔生命历程中丰富而多彩的文本世界，诉说了这位"20世纪人"的青年、中年和老年故事，其中既有豪情万丈、也有苦闷彷徨，更有历经冷暖后的冷峻叙说，贯穿了这个世纪独有的政治与思想变局，构成了由小及大的20世纪中国与世界场景。

我们都是时代的人，都会经历自己所在世纪的跌宕起伏。阅读这些20世纪的故事，我们也将获得对过去与未来的感觉，进而理解我们在哪儿、我们是谁。

袁剑

译者前言

作为世界四大文明古国之一，中国疆土辽阔、历史悠久，中华文化丰富多彩、博大精深，为人类文明进步作出了巨大贡献。在历史长河中，中国各民族、各区域相互交往交流交融，共同谱写了中华民族的华丽篇章，这是中国人生生不息、长盛不衰的独特文化基因。

撰史是中华民族的优秀文化传统。"究天人之际，通古今之变，成一家之言"历来是史家的著史旨趣和价值追求。从《世本》《史记》到《通典》《通志》《资治通鉴》《文献通考》等浩如烟海的古代文献典籍奠定了中国史研究的深厚基础。清末民初，随着西方进化论等观念的传入，章太炎、梁启超等史学家以进化史观为指导，号召"史学革命"，要求批判"君史"，倡导"民史"，希冀"以过去之进化导未来之进化"，中国史撰述在继承古代"通史家风"的基础上呈现出复杂多样的面相。20世纪三四十年代，日本侵华引起严重的民族危机之际，中国学者吕思勉、缪凤林、钱穆、范文澜、吕振羽、翦伯赞等人分别以进化史观或马克思主义理论为指导，从长时段的视角考察中国古今之变的历史轨迹与兴亡成败的内在机制，思索治乱安危存亡之道，以鼓舞民族斗志。与此同时，一批出于学术兴趣与现实考量的外国考察家出现在中华大地的许多地方，遍及中国沿海、内地与边疆。有的人抱有侵略意图，有的人则进行着认真严谨纯粹的考察研究工作，从"他者"的独特视角探寻中国的历史、现状与未来，为我们研究中国史提供了可以参照和比较的新思路、新观点和新方法。美国学者欧文·拉铁摩尔（Owen Lattimore, 1900—1989）及其妻子埃莉诺·霍尔盖特·拉铁摩尔（Eleanor Holgate Lattimore, 1895—1970）就是其中颇为引人瞩目者。

作为"他者"，拉铁摩尔夫妇曾深入中国东北、蒙古、新疆等地区进行考察，对中国内陆边疆的生态环境、民族、生产方式及社会形态等有了直接的接触和体验，通过实地的田野调查获取了不同于学术书籍的地方性知识，从而对中国这一统一多民族国家的形成与发展有了深刻的认知和独到的见解，写成《现代中国的形成》（*The Making of Modern China*）一书。《拉铁摩尔中国史》（*China, A Short History*）便是此书的修订版。与中国传统史家以中原为中心、主张"华夷之辨"的历史叙述体系不同，拉氏在书中延续其经典之作《中国的亚洲内陆边疆》（*Inner Asian Frontiers of China*）的研究路径，将中国的内陆边疆四大地带（东北、内蒙古、新疆和西藏）视为具有独立意义的地理单元，在更为宏大的历史背景下讨论中原与边疆的互动，以解释中国历史发展的整体脉络与内在机制，体现了独到的研究视野与学术价值。这本书主要探讨的问题是：作为统一多民族国家的现代中国究竟从何而来？是如何形成并得以维系的？中国的未来将何去何从？拉铁摩尔夫妇从农耕社会的内在循环与边疆游牧政权的历史循环相结合的视角考察了中国的历史变迁及发展脉络，从全球地缘政治的高度重新审视了 20 世纪三四十年代中国的现状与未来，突破了 20 世纪以来海内外史学界对中国近代史研究的革命范式和现代化范式，形成一种独具特色的中国史研究路径。拉氏夫妇将这本书的受众定位为普通的美国民众，因此在历史叙事与描述过程中常将中美两国相对比，并对中西文明之间的差异进行了深刻的反思。从方法论的角度而言，比较研究视角在这本书中得到了鲜明的体现。

需要指出的是，自近代以来，中国的周边饱受列强侵扰，面临随时可能被分裂的危险，拉铁摩尔在长期的实地游历中目睹中国的边患，因而对边疆在中国历史上的地位和作用格外重视，但他在此背景下发展出的历史观念，也不免带有其所处时代、环境造成的局限。如拉铁摩尔本人所言，将中国的内在发展归因于边疆政权对中原农耕社会的入侵与征服，这种"内亚研究"范式存在夸大边疆因素的危险。此外，拉铁摩尔没有接受过正式的学院派学术训练，他的学术观点更多源于自学、阅读前人文献和田野调查，不免受到西方一些固有认知和思维的影响，未加批判地沿用了一些不当的表述，导致在叙述中国历史时出现多处明显的史实谬误和表述错误。比如，书中将元朝称之为"蒙古王朝"（The Mongol Dynasty），将清朝称之为"满族王朝"（The Manchu Dynasty），将其统治者称之为"征服者"（The Conqueror），这种"征服王朝史观"明显是继承了西方汉学家魏特夫（Karl August Wittfogel, 1896—1988）对中国历史朝代的分类，这种表述存在否认元清两朝是中国历史上正统王朝的嫌疑。书中还延续西方人的惯用做法，将中国内地汉族人聚居的十八省称为"中国本部"（China Proper），这种表述是西方"族性地域观"的体现，背后隐含的深意是将"中国本部"之外的边疆地带（东北、新疆、内蒙古、西藏）排除在中国固有疆域之外。正如顾颉刚所言，"中国本部"是日本人"伪造历史或曲解历史来作窃夺我们土地的凭证"（顾颉刚：《"中国本部"一名亟应废弃》，《复兴旬刊》1939年第 8 期、第 9 期）。书中还使用了类似的错误表述，譬如"政治边疆"（Political Frontier），这一概念相对于"文化边疆"（Cultural Frontier），其实质是为了凸显汉族与非汉族群在治理体制与文化方面的差异。姚大力教授曾敏锐地指出："所谓政治边疆与文化边疆的关系，是治理体制随治理对象而变的关系。""政治边疆与文化边疆，实系一枚钱币之两面。"（姚大力：《中国边疆的基本特性》，《学术月刊》2019 年第 2 期）此外，拉铁摩尔夫妇虽然对时局政治具有高度的敏感性，对自辛亥革命至抗战结束后的中国政局、革命发展和社会变迁等多有着墨，但因为他们正处于周遭环境与局势发生重大变化的时代现场，对一些问题的判断难免有不当之处。

　　每一种理论或研究范式都或多或少存在缺陷。面对外国学者的中国史研究，我们需要抱有开放、平和、交流的态度，"取其精华，去其糟粕"，唯有如此，才能在深度和广度上推动学术的进步与创新。作为生长在中国的美国历史学家，拉铁摩尔对传统中国社会的政治结构、基本特征及其运行机制有着更为深刻的理解和认识。在实地考察和学术研究中，拉氏夫妇秉持尊重、客观、理性的态度，提倡"在中国理解中国"，其正确的中国观和可贵的"中国通"精神对建立和谐融洽的中美关系具有重要的参考和借鉴意义。重新翻译、阅读《拉铁摩尔中国史》，旨在从"他者"的视角再度审视中国千百年来文化碰撞、交融的历史脉络与发展轨迹，见证"长城内外皆故乡"的历史事实，呈现中华民族多元一体格局形成发展的历史进程。

李稳稳

2022 年 7 月 29 日于北京

序言

中国是如今世界上最重要的国家之一，诸多方面都可证实在今后百年内它会是最重要的国家。世界上约有一半的人口居住在亚洲，而在这一半人口中，约有一半是中国人。亚洲几乎没有别的民族具备治理自己国家的能力，而中国却是自己的民族在治理。仅凭这一点，中国人现在所做之事和发生在他们身上之事，对每一个人都将至关重要。如若中国的情况变好，那么亚洲的情况也将变好；如若中国的情况变坏，那么亚洲的情况也将变坏。

之所以写这本书，是因为我们是一生中大多数时间都生活在中国的美国人。我们力图使这本书简洁明了，否则读者便会迷失在这个与美国版图相似，但更加悠久的国家的政治和历史等相关描述之中。我们也力图使这本书不至于很肤浅。读者不能仅通过描述来理解一个国家，除非这种描述带给人具有启发性的思考。我们试图在书中提供一些引发读者思考的史实。

书中没有注释或引证，许多概念、题目和语句取自我们的著作和讲义。本书大多数材料都取自欧文·拉铁摩尔所著《中国的亚洲内陆边疆》一书，该书分别由纽约的美国地理学会和牛津大学出版社发行过一版。感谢两家机构允许本书引用书中材料而未注明出处，特此致谢！

书中并未对年代、人名和地名多做解释。中国古代史中的某些年代仍有待讨论，书中采用的是大家公认的公元纪年。人名、地名也是采用简单、通用的拼写形式。同时使用"北京"和"北平"这两个名字，是因为1928年以前人们一直沿用"北京"这个地名，之后才改为"北平"。

书中的附图，如中国的发展简图、汉帝国和罗马帝国简图、唐朝和宋朝简图都选自《中国文明和文化史纲要》(*A Syllabus of the History of Chinese Civilization and Culture*)，① 该书由傅路德（Goodrich，Luther Carrington）和方亨利（H. C. Fenn）所编，由美国中国学会出版，这些地图又经过方亨利改编，本书第124页至125页上的年表也是改编自方亨利的一张图表，在此谨向他表示由衷的感谢。

---

① 本书从略。——编者注

第一编

国土与民众

第一章

何处是中国?
中国的基本形态如何?

　　中国与美国相同,国土幅员辽阔。两国在疆土甚或版图上 15
均大致相同。与北极和赤道的距离大致相同,气候和植被较为类
似。西伯利亚延伸至中国北部,正如加拿大位于美国以北,中
国以南及西南方向是法属印度支那 [①] 和缅甸,而美国以南是墨西
哥。北平(今北京)大约位于北纬40度,而纽约的纬度正好比
北平稍偏高一点。从北平到中国最西端边疆的距离相当于从纽
约到俄勒冈。被称作"满洲"的中国东北诸省距北平东北部约有
1500英里,正如从美国新英格兰州到纽约东部和北部的距离。

北方和南方

　　与美国相似,中国也是北方寒冷、南方炎热、中部温

[①]　19世纪至20世纪法国在中南半岛的殖民地,相当于今天的越南、
　　老挝、柬埔寨,1954年《印度支那停战协定》签署后解体。除特别
　　注明,本书脚注均为译者注。

和，两国的季节变化也很像。中国东北诸省的森林就像明尼苏达州或者缅因州的森林，然而，东北诸省的西部开辟了广袤的麦田，就跟达科塔州一样。蒙古和西北诸省的气候与怀俄明州的山丘地区更像，没有仙人掌这类植物。但是那里有荒漠地带，这与亚利桑那州和新墨西哥州的荒漠地带很相像。北平平原上光秃秃的黄土丘和小树林，与北加利福尼亚地貌相似。长江流域一带植被青翠、土地肥沃，与南北卡罗来纳州很像。再往南，中国便进入亚热带地区，类似于美国的佛罗里达州，而云南则有着南加州那样的鲜花、水果与阳光。

然而，两国相似的地貌并未分布在相同的地理方位。美国最大的河流密西西比河是由北向南流淌，而长江则由西向东，川流不息。在某种程度上，长江甚至比密西西比河更重要；远洋轮船沿长江逆流航行 600 英里，可以到达最大的内陆良港——汉口。

中国南方比美国南方雨水更充沛，因此景色也更为葱茏，水稻是其主要的农作物。

除夏日雨季外，中国北方比美国北方更为干燥，自然景观的颜色更偏黄色和褐色。中国北方生产小麦、小米和玉米，以及我们在新英格兰州所见过的各种水果和蔬菜。

这些差异由季风造成，季风影响着亚洲大部分地区的气候。在春夏的湿润性季风期间，来自印度洋和太平洋西南部的大风占主导，当其登陆时便会风云化雨。在秋冬的干燥性季风期间，主要风向是从大陆吹向海洋，雨雪天气较少，除非是有特殊气候状况的山地。

　　如果看地图就会发现，中国东部海岸线向外隆起形成一条巨大的曲线。这是中国南北方气候差异的缘由所在。在中国南方，湿润性季风吹向海岸，因此南方的降水量稳定；但在北方，当风沿着海岸掠过时，云层不时会飘向内陆，因此北方的降水量也就不那么稳定。由此一来，除非有灌溉支持，华北农民只有种植耐旱庄稼才能忍受这干燥的气候。华北地区每三四年才能丰收一次，而且只有在雨水适量时才能丰收。在雨水不足或遭遇其他极端情况，或因短时间内出现强降水引发洪灾的年份，可能会出现粮食短缺，甚至闹出饥荒。

　　华南地区雨水充沛、气候温暖，作物生长期有六至九个月。农民们一年可以收获两季；一年收获三季也很常见，在一些优势地带，比如四周群山环绕的四川盆地，一年到头都在收割或插秧。华北地区雨水较少、天气较冷，作物生长期只有四至六个月；农民们平均一年收获一季，有些条件好的地区才能一年收获两季。

　　规律的降水也解释了为何华南地区植被丰茂。古代南方多是森林地带。如今，大片的原始森林只存在于偏远的、人烟稀少的西南省份，由于那里山地阻隔、交通不便，砍伐树木或种植、输出粮食均无利可图。在华南地区所有交通便捷的地区，森林都已被砍伐，山坡上均已开辟梯田。在华北大部分地区，甚至包括古代，或许从未生长过茂密的森林，一方面是因为华北地区降水不足，另一方面则跟土质有关。然而，东北诸省的气候与西伯利亚有关，尤其是靠近西伯利亚

17

18

的边界地区，不受季风影响，因此还有大片宝贵的原始森林。

中国省份

中国的省相当于美国的州。我们经常会听到"中国本部"（China proper）这种说法，它主要是指长城以南、青海和西康①以东的十八个省份。②其中，除最西南端两省外，绝大多数的居民都是汉族，数百年来也一直是汉族。

"中国本部"以西和以北诸多省份，东起太平洋，西至葱岭山脉。这些省份包括我们经常提到的满洲、内蒙古、新疆，以及从西藏东部分出的青海和西康等省。严格说来，西藏本身是中国的一部分，但已宣布自治。③中国在名义上仍

---

① 西康，旧省名，辖今四川省西部及西藏自治区东部地区。1914 年设川边特别区，1928 年改为西康省，1955 年撤销。

② "中国本部"是近代西方对中国内地汉族人聚居的十八省的称谓，是西方"族性地域观"的体现，背后隐含的深意是将边疆地带（东北、新疆、内蒙古、西藏）排除在中国固有疆域之外。

③ 拉铁摩尔的此处论述并不符合历史事实，自元朝中央政权在西藏建立一套完整的行政管理体制以来，西藏即成为中国的一个正式行政区域。尽管近代以来屡受西方列强觊觎，但西藏一直是中国不可分割的一部分。关于西藏地方的历史定位，参见中共中央文献研究室、中共西藏自治区委员会编：《西藏工作文献选编（1949—2005）》，中央文献出版社，2005 年；北京大学历史系、中国人民大学历史系、新华通讯社国内资料组、中国科学院近代史研究所编：《西藏地方历史资料选辑》，生活·读书·新知三联书店，1963 年；中国社会科学院民族研究所、西藏社会科学院、中央民族学院藏学研究所、中国第二历史档案馆合编：《西藏地方是中国不可分割的一部分（史料选辑）》，西藏人民出版社，1986 年。

然拥有对外蒙古的主权，直到 1946 年，中国承认外蒙古为独立的"蒙古人民共和国"。① 战前，② 满洲由四部分组成：黑龙江、吉林、辽宁和热河。战争时期日本人将这里分为十二省，如今已陆续被中国收复。

19—20

中国人很厌恶西方人将东北诸省称为"满洲"，仿佛这是一个独立的国家，并且在某种程度上，在政治上似乎与其他地区有所不同。如今汉族从来不用"满洲"这个词，甚至满族也不用。日本杜撰出"满洲国"这个词，就是为了支持他们的幻想，认为东北省份并非中国不可分割的一部分。使用"满洲"这个词之后，容易出现一种糟糕的倾向，认为这些省份只是中国某种意义上的外藩。因而我们应该遵循中国的用法，将其称为"东北"或者"中国东北"。

中国所有边疆省份加在一起，其面积比内地十八省还要大很多，几乎与美国的国土面积相等，但其人口却只占中国总人口（四亿五千万或更多）的百分之十。除中国东北之外，这些省份均以非汉族群体为主。在帝国的历史长河中，中央统治者逐渐将这些边缘地区发展成为其帝国的边疆领

---

① 外蒙古独立是在相当复杂的历史背景下发生的。外蒙古在清代和民国初年是中国的一部分。1911 年辛亥革命爆发后，清朝统治逐渐瓦解。在中国面临内忧外患之际，外蒙古封建上层集团在沙皇俄国的操纵与支持下宣布"独立"。1924 年 11 月 26 日，蒙古人民共和国宣布成立，但北洋政府并未予以承认。直至 1945 年 8 月 14 日，国民政府与苏联签订《中苏友好同盟条约》，同意外蒙古根据公投结果独立。1946 年 1 月 5 日，国民政府正式承认外蒙古独立。

② 指九一八事变前。

土，公路、铁路、航空线等现代交通的发展以及工业原材料的开采，极大地凸显了边疆地区的重要性。

人口分布

所谓的"中国本部"居住着百分之九十的中国人口，东部人口更为稠密，西部内陆人口更为稀少。中国西部、西北地区和西南地区人烟稀少，实际上，那里有成千上万平方英里的土地可以居住，人们可以像欧洲和美国部分地区一样生活，即混合经营农业、乳品业、果园业、林业，以及采用水力或蒸汽动力的小型机械工业。但是，中国人从未选择这样的生活，是因为东部集中了绝大多数的人口，那里的灌溉工程或许能养活成千上万的人口，使他们能够选择不依靠机械化的农耕方式维生。

随着机械化和交通设施的迅速发展，未来中国的人口重心、工业重心将会向西转移。这将完全改变中国边疆与中原地区由来已久的地域平衡，也将完全改变人口集中于灌溉农业区的难题。

海洋屏障与陆地屏障

这部分将呈现中国与美国最显著的地理差异。与美国位于两大洋之间的情况不同，中国西边以沙漠和山脉作为坚实的屏障。随着地理大发现时代的到来，哥伦布和麦哲伦等人打开了欧洲通向外部的大门，由此欧洲的历史开始成为世界史。随后 400 余年里，美洲被发现、被殖民、被开发以及被工业化。因此，尽管美国人是拥有东西约 3000 英里、南北约 1500 英里国土的大陆民族，但当美国人要前往海外各国时，也是海洋民族。中国人与美国人不同，对他们而言，海洋史不是全部的历史，而是最后一个篇章。在中国三千年的历史中，除最后 200 年外，海洋屏障一直远超陆地屏障，成为中国国际交往的更大障碍。

中国从未高度发展过航海技术，尽管中国的航海家曾数次远航至阿拉伯半岛和非洲，但他们并不经常出海和随意航行。中国人主要依靠季风的规律沿着大陆航行，季风从西南吹向东北、从东北吹向西南各有六个月的时间。欧洲航行者及后继者美国人并不依赖季风，他们掌握了逆风或横风行驶的技术，由此中国的大门首次被迫打开。中国所有沿海地区被迫开放通商口岸，或遭受外国侵略。但是，这种情况直到 1520 年麦哲伦航行之后很久才出现。17 世纪，英国通过东印度公司与广东进行贸易，18 世纪末，美国船只从新英格兰出发，经过好望角，驶向中国。当 1849 年旧金山港口发展之后，美国的商船才开始规律性地从太平洋海岸直达中国。

因此，中国与世界其他地区的主要交往都经由中国西部边疆的陆路，这种情况直到近代才发生改变。中国与近东、中东地区的陆路交通线自古以来就在使用。大约 2000 年前，罗马帝国由恺撒大帝开创，经历代皇帝多年治理后发展至巅峰。中国在汉帝国的统治之下，其文化发展已臻于成熟

22—23

24

稳定，尽管这两个帝国被葱岭山脉和干旱荒漠所阻隔，但它们的物质和思想交流已颇具规模。中国的丝织品、皮毛、大黄和肉桂到达印度、阿拉伯半岛以及罗马帝国的市场，而象牙、玳瑁、珍贵宝石、中亚种马以及石棉等货物被运到中国市场。但是，中国商队并不是一路走到罗马，他们的行程较短，目的地是中亚沙漠中的绿洲，他们在那里与中间商交换商品，中间商再与西方其他商队进行交易。

思想观念也有一定的传播。外国人对中国艺术的影响，可追溯至石器时代和青铜时代。公元 1 世纪佛教从印度传入中国，伊斯兰教通过陆路和海路传到中国。① 然而，在这整个时代，虽然古罗马贵妇穿着中国丝绸，但没有人见过中国人；没有多少中国佛教徒见过印度人，中国穆斯林也很少见到阿拉伯人。古代征服者——不论是亚历山大大帝，还是古波斯的国王、阿拉伯的哈里发抑或强有力的印度君主——都未曾率军越过中亚荒漠或帕米尔高原、喜马拉雅山到达中国。中国并不完全与外部世界隔绝，但它在远处孤然矗立。

19 世纪，当蒸汽轮船成功航行后，掌握海上霸权的国家打破了这种隔离局面。在二战期间，通往中国的海路再次被切断；但从中亚和遥远的西南方向开辟了通向中国的新陆路及航空线。未来中国将从陆路到海路全面开放；因为这个时代不再推崇孤立中国或任何一个国家。

25

---

① 　此说有误。佛教传入中国时间约在公元前后，伊斯兰教传入中国时间约为 7 世纪中叶。

第二章

中国人是谁？

世界上每五个人中，就有一个是中国人。什么样的人会占全人类如此大的比例？许多到过中国的作家和旅行家们试图使美国人相信，中国人与他们差异最大。传教士强调中国人是异教徒，旨在向人们宣扬传教是一件好事。作家们将中国人描述为落后的、异域的、神秘的、深不可测的，甚至是阴险的，因为旅行书籍只有充斥着离奇、独特，才会显得有趣。中文对西方人来说非常难学，事实上，很少有西方人能流畅自如地与中国人交流或者阅读中文文献，由此，西方人感到很难理解中国人。

然而，事情的真相是，中国人远比想象中更像美国人，他们比日本人更像美国人，甚至比普通的拉丁民族更像美国人。当然，正如美国人一样，中国人也是他们环境的产物。但是，美国人只需稍微了解和研究一下，就不难理解中国的环境和民众。

很难去描写一个典型的中国人（是什么样），正如很难

27　去描写一个典型的英国人。你会选择描写伦敦人、牛津学者，还是乡村绅士或者纨绔子弟呢？中国人和英国人一样，都有许多类型。但可以肯定的是——现实生活中不存在美国小说中描述的那种异域神秘的中国人，也不存在戏剧和小说中那些常见的带着夸张牛津口音的英国人。

然而，大多数熟悉中国人的人都会同意，中国人是有一些典型特征的。

中国人是怎么样的？

典型的中国人是诚实的。短居中国的外国人有时会质疑这一点，对中国人的"揩油"行为感到厌烦。按照美国的习俗，这似乎是不诚实的表现。然而，这种判断是由于不够了解中国风俗。中国人在买卖、收税以及为他人做事时，不论规模大小，收取回扣是公认的习俗，就像佣金一样。实际上，这不是不诚实的行为。只有当佣金比例收取过大时，才被人们认为是贪污行为。

另一方面，外国人经常惊讶地发现，中国人像（遵守）契约一般遵守口头诺言。许多大宗交易和契约都未签订任何书面合同。中国人遵守口头立约的习俗，正如美国人遵守书面立约的习俗一样，当然，不论是在中国，还是在美国，也总会有人不遵守约定。

28　人们对同样的事情发笑，便不会误解彼此。典型的中国人富有幽默感，他们比其他民族更接近美国人的幽默感。

中国人与美国人一样喜欢讲婆婆之类的笑话。他们也有类似于"苏格兰人"（Scotch）①的笑话，不过是嘲笑山西人。中国人不仅幽默感很像美国人，而且脾性温和，跟美国人也很相似。中国农村市场上熙熙攘攘、兴致勃勃、汗流浃背的人群，在很多方面与美国康尼岛的人群相似。在大型庙会上，人们尤其喜欢聚集在变戏法、表演杂技和走钢丝的人周围。可与这些中国观众对比的是在露天看台观看棒球比赛的美国观众。庙会不仅是人们采购的好机会，而且也是附近居民的节日。

典型的中国人在诸多方面都比美国人更"文明"。他们并不欣赏美国人的直率和坦白。实际上，中国人认为这相当的野蛮，也不明智。他们更圆滑世故，首先关心的是如何让对方感到自在，给足对方"面子"而非直言相告。这是中国人几千年来与人相处所形成的习惯，（因为他们）经常处在拥挤、不舒适的环境当中，这也是我们喜欢中国人的一个原因。他们比世界上任何其他民族更明白，如何让尴尬的外国人感到自在愉快。因为巧妙的恭维比说真话更让人感到舒适。但是，外国人有时会觉得中国人太过圆滑，太过强调面子，他们对此感到反感，也很不理解。

典型的中国人是非常民主的，他们在这方面与大多数美国人类似，而不像大多数的日本人。日语中有几套不同的词汇，分别用来使唤仆人，命令处于从属地位的妻子，或者表

29

---

① Scotch 在口语中有吝啬的意思。

达对上级礼节性的奉承。中国人就不会如此。他们也有礼节性的言辞，但一般用于正式场合，当人们很有礼貌时，表示他们将对方当作受过良好教育、经济富裕、具有重要社会地位的人——不管对方在现实生活中到底如何。但一旦熟识之后，中国人就像美国人一样，随意交往，也不拘礼节。最重要的是，当你首次跟一个中国人讲话时，不管他多么贫穷、衣衫褴褛或者从未受过良好教育，你也必须尊重他。如果你鲁莽地将别人视为"低等人"，这不仅非常不礼貌，而且也显得自己缺乏教养。中国人还有一个特点：任何人都会和船员、人力车夫或者骡马夫友善地闲谈，就像美国人在国内与出租车司机聊天一样。他们认为，这种友好的交谈，会显得他们的付费行为更有礼貌。

大多数人认为中国人比美国人更富有哲理。这个特性只有部分属实。在中国古代，一切都很安稳。普通人的生活方式都会千篇一律地重复数百年之久。大家很难想到，在未来几年里，世界会显著地发生变化。很显然，很少有穷人会暴富，然而，任何人都会发现，当富人突然遭遇水灾、饥荒或疾病等灾祸时，也会变成穷人，这是司空见惯的事，这一切都倾向于鼓励（人们）接受命运的变化无常，甚至连成功人士也认为，运气和才能同样重要。

美国人在这方面就很不同，因为美国人是一个年轻的民族，美国是新生的国家。根据美国的传统，前方总有机会能绝处逢生；即使你现在已经失败，但仍有希望跟别人一样得到新的机会。然而，中国人的哲学思想正在发生变化。现在中国发生的事情影响着所有人，远远超出个人祸福。未来远不只是重复过去，而是充满了新的希望和机遇。因此，当你发现中国的年轻人更像美国人，而不像他们老一辈那样听天由命时，就不足为奇了——他们不安分、热忱、富有求实精神，认为自身努力比听天由命更为重要。

中国人生活在何处？

中国没有精确的人口统计。一般而言，人们公认的人口预测估计是四亿五千万，但实际数字可能更接近五亿。中国庞大的人口分布极不均衡。即使不算蒙古、西藏和新疆这些区域，中国三分之一的地区仍然容纳不少于七分之六的人口。东部、黄河下游、长江下游和长江以南的稻谷种植区是中国人口最稠密的地区。

31

一般而言，只要是灌溉便利的地区，土地都会被划成小畦，并被精心灌溉养护，这些小畦比美国普通的农场更像菜园。中国的城市与农村的关系，与美国截然不同。中国最大的城市并未远离最重要的农业区，而是正处于各农业区中间。这不仅是因为农村要供应城市，而且农业最重要的肥料是人的粪便——在东方被称为粪肥。这些肥料被收集起来卖给城市附近的农民，而不是通过污水系统处理。从空中俯瞰，中国的大城市被深浅不同的绿色同心圆环绕着。距离城市最近的作物生长最密、绿色也最深，因为那里的肥料最充足、价格也最低。每英亩的作物产量与城市肥料的运送距离呈负相关的趋势。

中国百分之八十以上的居民是农民，典型的农民住在村庄里，不像美国农民住在自家农场中间的房子里。因此，中国人口密集区的城市周围是大片的农村，而非郊区。

农民与士绅

在第二次世界大战之前，中国总体上以两类人为代表，一是农民，二是士绅。现在他们仍是最重要的两种类型，但二者的重要性正在发生变化。事实上，重要性的变化，表明了中国革命与新中国如何脱胎于旧中国的梗概。

从数字上看，五分之四的人以务农为生，因此，典型的或普通的中国人就是农民，他们正如赛珍珠的《大地》和其他著作中所描述的那般淳朴、诚实、拘谨，但是精明又可爱。中国农民作为集体，只要稍加领导就知道如何共同协作劳动。作为个体，当他们没有受到家长制和统治者的过度压迫时，便会快速进取。而家长制和压迫的特殊结合，正是中国传统社会的特性。

家长制和压迫都要追溯至士绅阶级或地主阶级。这就是林语堂在写作《吾国与吾民》时心中想到的主要群体。士绅一般出身于地主家庭，他们将最严重的贪污（尤其是利用官职之便私吞公款）、最高雅的艺术修养和最敏锐的智力训练相结合，士绅的长指甲说明他们不从事任何体力劳动。直至最近，仓库储粮仍是衡量实际财富的标准，地主的权力以此为基础得以建立。由此一来，地主比商人更有权势，因为地主真正掌控农业生产。实际上，商人只不过是地主的代理人。

几乎所有的官吏都出身于士绅阶层。按照律法规定，需要参加公开的科举考试才能做官，任何人都有机会参加选拔；但是，由于考试所要求的文学和哲学知识需要考生经年累月地学习，而地主家的子弟不必下地干农活，并且他们还有私塾教学，比农家子弟更有优势。农家子弟偶尔也能高升。但绝大多数官吏都出身世家，这些家庭培养了一代又一代的科举应试者。尽管中国传统律法禁止官吏回乡任职，以免其家族权势过大；但这并不妨碍官员与任职省份的士绅地主阶层交好，因为毕竟他们是"同类人"。

19世纪，随着西方国家不断强迫中国对外开放门户，开启了新的历史阶段，这意味着中国传统的生活方式逐渐被摧毁。西方人引进诸多新的财富和权力，但传统秩序中最有权力、最富有者并不欢迎他们。因此，中国官吏们尽其所能地抵制西方人。最先转变态度的是居间的商人而非官吏。如果外国人提供比士绅阶层更为丰厚的利润，商人们愿意成为他们的掮客。然而，有些商人也进入士绅阶层，数百年来培养地主和官吏的家族也开始发生转变。

如今，产业多样化的家族在中国占据主要地位；他们继续持有大量土地资产，同时又积极投身于商业、工业和银行业。手工业阶层正迅速脱离农村和农民家庭，转变为工业无产阶级。最后受影响的是农民。由此，农民的命运便决定了全国的命运。如果全国其他阶层都在发生变化，而农民被迫继续保持传统的生活方式，中国将成为一个放大版的日本，在某些方面的工业发展水平很高，但是总体上不平衡。日本工业机械化的提高与农业劳动力的水平之间差距越大，危害也越大。要么解放农民，让他们获得与其他阶层同样进步的平等权利，要么压榨劳工，造成农村劳动力过剩，从而降低工人的工资水平，破坏整个国民经济，再现日本的情况。

中国人来自哪里？

无论我们如何将民众、个人或国家看作近期环境的产物，"中国人来自哪里？"这仍是试图理解他们的相关问题。关于中国人的来源，需要从史前遗迹中寻找答案。就我们所知最早的中国人是北京猿人。大约 50 万年前，他们生活在华北地区，人类学家对其遗骸进行研究，尤其是头盖骨和牙齿，认为北京猿人是如今华北地区人类的远祖。这些遗骸发掘于 1927 年北京附近的乡村，是我们已发现的最古老、最原始的人类遗骸，而且不止一副骨骸或部分头骨。

如果你在某处只找到一块头盖骨，不能绝对肯定他有多典型、多特殊，正如尼安德特人或皮尔丹人。[1] 我们有一

---

[1] "皮尔丹人"是伪造出来的一种"早期人类"，是 20 世纪初古人类学领域著名的骗局。1912 年，小律师 C. 道森宣布在英国皮尔丹砂砾中发现一些类人猿头骨化石碎片等，被科学家们误认为发现了人类与猿类之间的缺失环节，曾经轰动一时。到 1953 年骗局才被彻底揭穿，"皮尔丹人"类人猿头盖骨不过是中世纪人类头骨和猩猩牙齿拼凑而来的赝品。

整套北京猿人的头盖骨，其中包括男女老少。因此，我们对这个群体类型有了一定的认识，包括他们从年轻到年老的变化。此外，对头骨的研究，尤其是对牙齿的研究表明，就北京猿人与现存人类的关系而言，他们与华北地区的人们有一定联系。这是我们最古老的证据——尽管含有一定的推测，但它证明了北京猿人从公元前数千年①直到今天非常明显的连续性，以及在同一地理区域内进化的连续性。

北京猿人生活在旧石器时代。他们在洞穴里生火，以粗石块为工具。新旧石器时代的区别在于，新石器时代的人们掌握了如何将石器打磨成边缘锋利的工具的技术。大量证据表明，在新石器时代，人类广泛分布于中国各地。其中，有人以打猎、捕鱼、采集各类食物为生，包括水果、坚果、浆果、可食用的树根和野草种子。华北地区的人们掌握了种植小米的技术；华南地区的人们或许早在新石器时代就已种植水稻。狗和猪是最先被驯化的动物；继而，羊、牛和马也被驯化。在新石器时代，人们使用石刀、石斧、长矛、弓和箭。他们编篮、织布，还制作大量陶器，有些是用陶轮制作的，有些非常美观。

36

公元前3000年以前，黄河河曲附近成为新石器时代最重要的文化中心之一。这一地区松软的土地或许有助于文化的发展，因为粗笨的原始工具在黄土地上易于使用，可以生产更多的食物，形成更大的社区，社会组织得以更迅速地发

---

① 北京猿人距今约70万至20万年，而不是作者误以为的公元前数千年。

展。或许人们还在松软的黄土地上开掘沟渠，以进行灌溉。

中国的发展

可以肯定地说，黄河文化不仅是中国的史前文化，实际上还是早期的中国文明。黄河文明逐渐向东扩展至沿海平原，向南延伸到长江流域，席卷了新石器时代早期其他的部落，并与其融合。诸多部落后来演变成政权。在长江流域崛起的其他国家挑战了北方诸国的霸权。中国在长江以南山地和亚热带荒野丛林的发展较慢，但土著部落开始逐渐被融合，或部分被吞并。最终，中国逐步发展到蒙古高原、中亚沙漠边缘、青藏高原，以及与中南半岛接壤的边境。

中国人的发展与传播过程，可以解释他们为何具有如此的同一性。世界上没有其他民族像中国一样拥有这么庞大的人口、高度统一的物质和文化。孔子于数千年前提出的做法，可以解释中国人的态度：诸侯用夷礼则夷之，进于中国则中国之。换言之，如果你表现得像"蛮夷"，你就会被当作"蛮夷"对待；如果你表现得像"华夏"人，你就会被当作"华夏"人对待。中国已发展数千年，控制了广大领土；但不论在任何时期、任何地区，移民的速度都相当缓慢。当然，这个过程伴随着战争和杀戮，充斥着中国人的传奇轶事。然而，不论是群体还是个人，只要愿意说汉语，接受中式的服饰与耕作方式，人们就会不带任何偏见地将其视为中国人，这似乎是一个规律。

直到 300 年前的清朝初年，汉族仍主要局限于中原地区。他们在近 300 年里才到达许多地区，涌入东北和内蒙古，移居台湾和朝鲜半岛。[①] 中国人还作为劳工，前往澳大利亚、新西兰、日本、夏威夷、加拿大、南美洲、墨西哥和美国。极少数中国人到达欧洲。最初以劳工身份前往中南半岛、缅甸、马来亚、暹罗、菲律宾和荷属东印度各地的中国人，后来迅速发展成为有影响力的富裕商人、银行家和实业家。

除移居东北和内蒙古的北方人外，绝大多数移居的中国人均来自福建和广东两省。虽然华侨总数只占中国人口的百分之一左右，但他们为祖国输送大量财富和新思想，为中国的现代化建设发挥了重要作用。比如孙中山，他一生大多数时间都生活在夏威夷等国外地区，他在接受西方教育后回国，在中国历史上发挥的作用，比任何同辈的中国人都更为重要。

38—40

---

① 实际上，中国内地与东北、内蒙古、台湾和朝鲜半岛等地的联系、交融历史悠久，远不止 300 年，参见顾颉刚、史念海：《中国疆域沿革史》，商务印书馆，2004 年；吕思勉：《中华民族源流史》，九州出版社，2009 年；傅斯年：《东北史纲》，上海古籍出版社，2012 年；孙进己：《东北民族源流》，黑龙江人民出版社，1987 年；张海鹏、陶文钊：《台湾史稿》，凤凰出版社，2012 年。

第三章

边疆地区

　　"华夏"与周边"蛮夷"之间的权力消长是理解中国历史的关键。

　　东北诸省、蒙古、新疆和西藏位于太平洋和帕米尔高原之间，以及从帕米尔向南弯曲到中国和印度分界的荒漠高原。这是亚洲内陆的屏障，也是世界上最不为人知的边界之一，是中国地理和历史发展的界限，而另一边屏障则是海洋。

　　两千年以来，长城一直是人类最显著的兴盛标志，是中国历朝历代边疆的象征。长城东起于海洋，向西延伸至中亚沙漠地带，相当于从纽约市到落基山脉的距离。部分长城修筑于战国时期。公元前 3 世纪，秦始皇统一中国，将各地方城墙连接成一条完整的边界。后继王朝曾多次修筑长城。

　　修筑长城是试图将定居的农耕民族与游牧民族分隔开。然而，实际上，长城从未起过泾渭分明的分界线作用。人们要从长城向北走很远，才能见到纯游牧民族；从长城向南走很远，才会见到纯农耕民族。但长城本身仍然是一个区域，而不是一条分界线——这里既有牧民，也有农民。他们结合了这两种生活方式，因而也会受到两种政权势力的影响，长城有时由游牧民族所管辖，有时由农耕民族所管理。因此，真正的分界线往往不是在长城以北，就是在长城以南。

蒙古：骑手与牧羊人

长城以北是辽阔的蒙古大草原。蒙古在中国与亚洲腹地历史上至关重要，主要是由于游牧民族自然迁徙的范围很广。游牧社会每平方英里的人口，永远不会像农耕社会那么稠密。另一方面，当战争爆发或政治需要发生时，游牧民族却能比农民更迅速地从远方赶来聚集。因此，在游牧民族与农耕民族以往的战争中，游牧民族通常占有突击和迅速集结的优势。

自古以来，蒙古人的生活特性由羊，而不是由马所决定。羊对于蒙古人的重要性，犹如灌溉对于农民一样。蒙古人之所以能生存下来，是因为他们知道如何牧羊——如何找到四季牧羊的合适牧场，如何为羊群找到安全过冬，躲避春季暴风雨的栖身之所。羊群为人们提供肉食和羊毛，羊皮用来制衣，羊毛可做成蒙古包的毡，羊粪可作燃料。衣、食、住和燃料是人们全部的基本必需品。剩余的羊群可用来交换商品。

与其他定居民族的情况一样，前往中原的游牧民族征服者和军队往往被"同化"，因为他们开始定居下来，由此便放弃了原有的流动性优势。另一方面，当游牧民族被击败，

43

退回"化外之地"的时候，这种失败通常会增强游牧民族的势力，因为游牧民族完全回归游牧生活，这种流动性将会给予他们力量。

此外，虽然游牧民族不时被农耕民族同化，但也有许多农耕民族转变为游牧者，其中包括边境沿线的农民、前往游牧民族的商人以及战俘。结果，耕地与牧场之间的冲突总是不断在重演，因为即使受重创之后，每个社会都有能力恢复自身活力。

蒙古地区长期以来被划分为"外蒙古"和"内蒙古"。"外蒙古"在游离二十多年后，于1946年的中苏条约中被承认为"蒙古人民共和国"。外蒙古独立是在中国国民政府见证下全民公决的结果。① "内蒙古"一词用来描述中国北部蒙古人居住地区。中国东北的西陲边缘地区有时被称为"东蒙古"。

中国东北：牧羊人、农民和森林游牧者

千百年来，蒙古以东的中国东北诸省有三类地区、三个民族以及三种生活方式，彼此相互联系。

东北地区的南部是空旷的平原，从长城东端一直延伸至

---

① 1945年签订的《中苏友好同盟条约》规定："兹因外蒙古人民一再表示其独立之愿望，中国政府声明于日本战败后，如蒙古之公民投票证实此项愿望，中国政府当承认外蒙古之独立，即以其现在之边界为边界。"国民政府于1946年通过全民公投，承认外蒙古独立。参见中国第二历史档案馆编：《中华民国史档案资料汇编》(第五辑第二编外交)，江苏古籍出版社，1997年，第305—306页。

辽东半岛顶端，呈半圆形马蹄状。这里的自然条件适宜发展与华北地区同类型的农业，因此这个地区与华北地区人口和文化相同，这种情况至少已持续两千年之久。

南部平原向东再向北，则是另一番景象。那里丘陵起伏，伴有高大山脉，自古以来森林茂密，至今仍有大片林木留存。千百年来，这片土地一直是另一种游牧民族的大本营，他们与汉人、蒙古人都不同。他们少量从事农业，由此与汉人联系起来。主要由女性负责耕作，尤其是在较原始时期。男性负责打猎、捕鱼。他们也驯养动物，由此与蒙古人联系起来。但是，蒙古人的牲畜既提供食物，又能用作坐骑，而森林游牧者驯养动物则主要是用来驭使，比如在山地用驯鹿，在平地和冬天结冰的河面上用狗来拉雪橇。他们也用滑雪板、穿雪鞋，在夏天穿行和钓鱼时，他们用桦树皮和空心原木制作独木舟。这些古老部落的些许遗迹仍然可以被找到，有点像从博物馆里复活并逃出来的标本。

即使在古代，由于民族的多样性，他们始终是部落的集合，未形成一个国家。然而，他们有时也会结成政治联盟。其中最后一个是满族联盟，其成员既包括开化到几乎已经成为汉族的部落，也包括远在西伯利亚边缘的部落，他们穿着毛皮衣物放牧驯鹿、驾狗拉雪橇。"满洲"一词是部落的政治发明，在 1644 年满族人入主中原之前几年才开始使用。

在东北诸省的西部，有一片辽阔的草原和牧场。大多数居民是非严格意义上的蒙古人。历经数百年，他们在西边参与了蒙古人的历史，在南边参与了汉族的历史，在东边则参

45

与了森林游牧民的历史。

西方入侵对中国东北的影响，不仅来自北方的俄国和大洋彼岸的日本，也来自已经进入中国内地的西方势力。从辽东湾北进，然后西至游牧地区，东至森林地区，铁路大大提高了中国边疆融入内地的程度。涌入东北的数百万汉族移民，有的是 20 世纪的倡导者，有的则是时代的受害者。尽管中国有铁路、机械和武器，但因为整体上受到国际条约的束缚，并不能自由地利用现代优势，国际条约将中国的政治特权、军事特权以及大幅度的经济控制权让给了诸多列强。

日本最先打败羸弱的清朝，继而打败腐朽的沙皇俄国，从而在中国东北享有比任何国家都多的特权。可以说，日本利用条约款项将中国束缚住了。中国每向前进一步，日本就试图援引条款规定，将其转化为自身利益，试图在中国领土上进一步巩固并筑牢日本的利益。

实际上，日本坚持认为不仅要驾驭中国人，更要驯服中国人，由此导致最近中日战争的爆发。1931 年，日本入侵东北，目的便是征服中国人。然而，日本占领东北并未吓倒其他地区的中国人，因此，日本在 1937 年试图再次"教训"中国，以致中日之间的决战爆发。

新疆：亚洲中心的绿洲与沙漠

自蒙古向西，自中原向西北，游牧民族的大草原逐渐变成无法放牧的沙漠。西部沙漠最终延伸至世界最高峰的山

脚下，山脉将中国西藏、印度和阿富汗分开。在北面，除了
千百年来商贾和移民通行的小道外，另一条山脉阻挡了通往
西伯利亚和苏联中亚共和国的道路。新疆绿洲稀疏分布在山
脉与沙漠交汇的狭窄弯曲地带。

　　西域的每一块绿洲都像中国的缩影。这里的男性胡须满
面，女性皮肤白皙，他们与汉族在外貌和诸多方面有较大差
异。就语言而言，大多数人说突厥语，就宗教而言，他们信
奉伊斯兰教，但一般而论，他们属于白种人，据说其祖先自
石器时代就已居住在这里，血脉相传。曾有一段时期，他们
祖先的语言属于印欧语系，他们与至今仍生活在瑞士和蒂罗
尔地区的人非常相似，人类学家将其称之为"阿尔卑斯人种"
（Alpine）。然而，这些差异掩盖了一个事实，即绿洲民众的基
本生活结构与中原相似。他们以农业为主，一种专业化、集
约化的农业，他们最大限度地利用灌溉和人工栽培；而且每
个农业区中心都有一座围有城墙的城市，这与中原地区一样。

　　新疆大约百分之八十的地区是沙漠，甚至没有可供放牧
的牧区。这是亚洲中心地带广阔而封闭的塔克拉玛干沙漠，
这里只有在偶尔暴风雨来临时才会有点降水，没有河流汇入
遥远的海洋。这里的水是山脉的恩赐。河流从高达两万英尺
以上的冰川和高山顶流下来，汇入沙漠。每条河流从山麓流
入缓坡沙漠，通过灌溉渠将河流延伸形成绿洲。随着夏季气
温升高，人们对水的需求量增加，大量的积雪也会融化成更
多的水，由此年复一年，人们就有稳定的收成。每块绿洲背
后都有山地腹地，那里可供采矿，在阿尔卑斯山式的高山牧

47

48

场，牧民豢养一定数量的牲畜。

绿洲之间是绵延的沙漠。绿洲大小各有不同，但除此之外，所有的绿洲几乎都一样，因此，绿洲之间的贸易和交换的需求量都最少。从古至今，贸易大多由外国商人经营，他们贩运的大多是那些能够承担高昂的长途运输费用的物品。

在中世纪时，通往沙漠、大草原、中原、波斯和印度的道路在吐鲁番绿洲交汇，因此，外来商人团体也都集居于此。8 世纪的吐鲁番就像今天内地的上海。在外来人的商贸区，人们穿着各自国家的服饰，讲着各种语言，在各自的寺庙和教堂举行仪式；当战争中断贸易时，商人们纷纷逃散，吐鲁番民众又继续传统的劳作，开挖水渠、灌溉田地。

由于外部交通掌握在陌生人手中，绿洲的居民都只关注自身，因此从未形成民族意识。超越地方的政治，就像超越地方的贸易一样，只有从外部渗透至中亚时才能为人们所知。将各个绿洲连接起来的动力，并非源于绿洲生活，而是源于像中国历朝历代这样的强大政权的活动，或者像草原游牧民族这类流动民族的征服。

20 世纪，世界对新疆的压力比中国任何朝代的推进或游牧民族的袭击都更为巨大。随着铁路、汽车和飞机的应用，中亚稀疏分散的绿洲与过去完全不同，以往人们的时空概念是来自缓慢长途跋涉的骆驼商队，或者自带干粮的小队轻骑侵略者。新型交通工具为新的社会意识、民族主义和爱国主义提供了必要的基础，同时使得中国新疆的地方忠诚观念迅速发展。

这些新趋势也产生了国际影响。今天,中国新疆和苏联中亚的本质关系,不是宣传的问题,而是物质、经济和社会的现实问题。苏联修筑的铁路连接西伯利亚和苏联中亚地区,距离新疆边境只有50英里。而中国国内距离新疆最近的铁路大约在1500英里之外。中国工业化对新疆的影响,若想与苏联工业化对西伯利亚和中亚的影响一样深,还需要很多年的时间。

我们必须认识到,不能用孤立的政治信条来理解这些影响,而是综合社会和经济的各方面来加以考察。现在中国新疆所发生的显著变化,不能过分简单化或误解为是一个中国省份的"苏维埃化"。一个基本事实是,草原游牧民与绿洲耕种者之间的分化非常严重,但是,不论是农民还是游牧民,都无法抵抗机械化工业和交通所带来的整合。因为工业和交通提出了商品交换的新要求,同时又为这种交换创造了便利的条件。

另一方面,新疆现行的政治观念更多地来自中国政府,而不是受到苏联的影响。20世纪30年代初,日本曾试图对中国西北地区进行政治渗透。苏联则以支持中国作为反击。多年来,当苏联的物资自由地通过中国西北支持中国政府时,苏联的影响也大幅增加。然而,在1943年,苏联从中国新疆撤出。随后,中国政府开始实施一项计划,此后比以往任何时候都更加有力地控制着新疆。

在苏联影响时期,尽管汉族的统治权得到了支持,但在参与政府事务和语言教育方面,中国对少数民族做出了很大

50

让步。当苏联人离开后，中国取消了这些政策，少数民族要求参政，导致再次发生分歧。汉族人在内地也要求建立代议制政府；但新疆 400 万人口中，大约有百分之八十五是少数民族，这就使他们的政治愿望具有特殊的重要意义。最近，中国政府在地方代表权与某种程度的教育自主权方面，做出相当大的调整与让步。

西藏：荒漠高原

西藏的历史由其地理特征决定：它几乎不可穿越，也无法进入。西藏地区广阔而高寒，人口或许不超过 300 万，这方面没有精准的数字。圣城拉萨是最重要的政治中心；但许多地区远不在拉萨控制之下。虽然中国宣布对西藏拥有主权，但实际上直接统治的西藏人很少，除西康和青海两个边缘省份外。

西藏是"世界的屋脊"，从其顶端可以俯瞰印度北部尘土飞扬的平原、中国西部森林覆盖的山丘以及富饶的河谷。一端可以俯瞰缅甸和阿萨姆的亚热带丛林，另一端是中国新疆辽阔的沙漠荒地，被称为"亚洲死亡之谷"。西藏人并不源自同一个民族，他们是来自四面八方的集合体。数世纪以来，西藏山谷边缘地带成为人们逃离战争以及移民的避难所。人们从避难所逐渐进入广阔、干燥的中央高原。他们在这里学会了捕猎毛茸茸的野牦牛，并将其驯养成家畜，牦牛既能产奶，又能载物。近代西藏人在这里放牧羊群，甚至用大篷车载着它们，车上还装着硼砂和盐。西藏的游牧生活并不是远离定居人群的原始生活方式，而是人们从边缘定居地冒险进入中央高原时，所发现的一种生活方式。

宗教主导着西藏的社会与政治。西藏的宗教是喇嘛教，该教从印度传入西藏的佛教和各种原始习俗发展而成。喇嘛教以寺院为单位，寺院由活佛主持，活佛是精神与世俗的双重统治者。在小型分散的西藏社会，寺院是权力的中心。宗教结构从整体上实现了西藏社会的统一性和连续性，在这种分散的社会，任何其他方式都很难做到这样。每座寺院都自成一体，他们拥有财产、经营商业、收租征税。如果寺院拥有相当多的土地和人口，就相当于一个小型封建领地。寺院领地或封地之间经常发生小规模战争，这并不罕见。由于他们在名义上都服从拉萨的达赖喇嘛，属于同一级别，达赖喇嘛相当于喇嘛教的教皇。① 但如同中世纪的欧洲，达赖喇嘛对寺院的实际权力超过任何寺院本身，其权力与寺院的财富和人力成正比。

尽管西藏是中国的一个省份，但达赖喇嘛掌管西藏的大部分地区，没有受到内地官员的干涉。如今达赖喇嘛是名幼童，大权由摄政把持。

52

---

① 此说有误。藏传佛教格鲁派有两大活佛转世系统：一是达赖喇嘛，一是班禅额尔德尼。二者互为师徒，关系亲密，其宗教政治地位亦平等。参见王森：《西藏佛教发展史略》，中国藏学出版社，2010年；牙含章：《达赖喇嘛传》，华文出版社，2007年；牙含章：《班禅额尔德尼传》，华文出版社，2000年；孕藏加：《清代藏传佛教研究》，中国社会科学出版社，2014年。

第二编

现存最古老的文明

第一章

中国的诞生

有一位长期研究中国的传教士曾说过，中国历史"久
远、单调、晦涩，最糟糕的是内容太多"。

这种悲观消极的观点源于历史教学的方式。比如，数以
百万计的人被灌输《圣经》的历史或英国历史，将历史看作
一份令人困惑的目录，上面记载着某人杀了某人，某人生了
某人，某人接替了某人。有时为了吸引人们的兴趣，中间也
会穿插着小妾的故事。如果以这种方法来研究历史，那中国
历史可以跟世界上任何历史相媲美，因为他们有着丰富的日
期、复杂的名字和细节。

如果换一种研究方法，中国历史便可以为全人类的历史
点亮光芒、揭露隐秘——从人类最原始的起源，其中有些在
亚洲，一直到人类在哲学、宗教、文学和艺术发展的顶峰。
就思想哲学而言，任何一种文化都未超越中国在各个历史时
期的伟大创造。就物质文化而言，虽然美国人认为自己的文
明根源几乎完全来自欧洲，但也从亚洲学到许多东西，比如

56 造纸术、印刷术、火药、指南针、丝绸、茶叶和瓷器。

历史从未有固定的起点。无论你往前追溯多远，都还可以继续追溯。历史学家通常试图设定一条基准线，在此基础上进行历史研究。实际上，这条基准线往往变成一个模糊地带。在模糊地带的边缘有部分史实。你从这个边缘往后继续研究，就会发现越来越多的史实，从而构建一个知识系统。但是，你也可以往前追溯，深入模糊地带。在此，你必须处理一些证据，这些证据可能既包含部分事实，又包含部分传说和猜测。你越深入到模糊地带，事实所占的比例就越小，猜测所占的比例就越大。这时，人为因素参与其中：当你从模糊地带步入黑暗地带时，仁者见仁，智者见智，一切都是猜测，没有任何事实。但新研究和新发现往往会将基准线往前推移。

商朝：传说与历史

商朝始于公元前 1766 年，亡于公元前 1122 年，① 这是目前中国历史的模糊地带。直到二三十年前，人们普遍认为，在公元前 1100 年开始的周朝之前，没有真实的中国历史。尽管有大量关于商朝甚至夏朝的传说，其中包括历代统治者的年表以及诸多故事，但是学者们将这些都贴上"史前史"的标签。

---

① 商朝起始时间应为约公元前 1600—约前 1046 年。

然而，在我们有生之年，这 500 年不再是传说和猜测，而是清楚的历史事实。中国历史的基准线如何从周朝初期一直被推到商朝中叶，这是一个令人兴奋的课题。战后，考古新发现或许会将历史基准线再次前移，推向模糊地带。

大约在五十年前的黄河流域，即商朝所在地，人们发现一些刻有古老中国文字的兽骨和龟甲。中国的古代文字已经为人所知，尤其是青铜铭文，已有 2500 多年的历史；但刻在兽骨龟甲上的粗糙文字却更为古老。这是中国学者需要精心处理的难题。学者们曾长期研究这些文字字形的变化，他们使用西方学者长期研究语言的先进对比方法，以破译这些数量繁多的甲骨文。

当完成这些之后，古文献的重要价值开始凸显。许多甲骨文都用于"占卜"。当人们准备进行战争或狩猎时，会先在甲骨上刻写所要占卜的问题，比如运气如何、天气如何。然后在甲骨上钻个小孔或凹槽，用火将甲骨烤热。甲骨在加热之后再冷却，会出现不同程度的胀缩，最后会从事先钻的小孔或凹槽裂开。占卜师根据裂纹对占卜问题预测吉凶。

占卜直接关系到个人和社会的需求，因此是特别生动的物证。我们确信商朝人是一个保持编年纪事的民族，因为我们已经发现他们编年纪事的实物片段和甲骨文遗存。这两类文献互相印证。当商朝的中国人或荷马时代的希腊人记录编年时，他们把编年史程式化了。他们把人类活动分为不同的类型，按照活动类型记录各类事件。甲骨文是一种不同的材料，它呈现了商朝人在记录甚至完成某项行动之前的行动计

57

58

划及其担忧。因此,"占卜"问询显然也是遵循传统,但这些"神奇"的问答都特别具有现实性,因此历史学家也很兴奋。关于过去的人们说过什么,已经有大量的历史描述。历史学家只能分析、猜测、核实,并试图证实历史描述与实际发生之事相吻合。这些占卜材料确实记录了他们所说所做之事,甚至更能揭示当时人们的思维方式,以及准备做某些后来确实做过的事情时,人们担心的是什么。

早在汉代经典史书以及此后流传下来的早晚期的各种注疏中,都有关于商朝的相关记载。然而,商朝的历史一直备受质疑。商朝的古文献一直被人们认为是虚幻的民间史诗传说,而不是历史。如今,这些甲骨文材料不仅证实了商朝诸王的姓名,还证实了这些统治者的继位顺序,这与1000多年后汉朝学者的记载完全一致。

59

汉朝学者根据残缺史料,曾经提到过夏"王朝"及其统治者的姓名,夏朝甚至比商朝时间更久远。商朝史料以一种不同寻常的方式证实了中国历史的"正统性",大大增加了夏朝及夏朝人确实存在过,夏朝人是中国人直系祖先的可能性。商朝人的书写甚至更加鼓励这种信念,虽然商朝铭文相较于一千多年后青铜器上的铭文是"原始"的,与如今使用的汉字相比,青铜器上的铭文也是"原始"的,然而,商朝的文字本身并不原始。它或许已进化了数百年。

最后,这种新材料为整个中国历史提供了一个交叉方向,因为社会学家和历史学家都可以非常容易并合法地研究这段历史。这对中国史学家从新的角度思考自身历史是非常重要的。新材料极大地证实了传统的中国历史，但这些材料本身并不传统，因此引导着人们以更新颖的方式进行思考。对中国古老历史的思考，也鼓励中国人从新的视角思考后继的历史。

孝道就是一个很好的例子，它结合了父亲的威望、财产和权力。当时封建王公和武士都希望将其财产和战利品留给子孙，自然就形成了这种孝道礼法。到了帝国时代，这种礼法采取一种新的形式，当时人们将皇帝对整个国家的权威比作父亲对其家庭的权威。人们自然可以寻求最古老的证据，以证明这种重要的"思想"形态自古就有。如今，人们越来越多地运用社会学方法去研究上古时代的新证据，而前古典时代经典的遗产继承制开始显得有点可疑。中国曾有一段时间和其他国家一样，通过母系而不是父系来传承财产和家庭。这一说法的证据被保留下来了，但后来由于人们根本不理解这种说法，加之男性领导的氏族和家族确实需要从社会获得尊严和权威，由此，旧证据遭到新的曲解。

我们可以通过甲骨文来回顾公元前1400年的中国历史。对殷墟出土的甲骨以及工具、厨具、武器、墙壁和城堡遗址等文物的研究，清晰地呈现了当时中国的面貌。商朝绝不是原始社会。安阳距离平汉铁路途经的开封城不远，它曾是一座繁荣、文明的城市。城市有城墙环绕，这是一座大城市，大到足以成为包含其他城市，而且人口辐射范围非常广的国家的首都。

人们还保留着城市早期发展的文明痕迹。他们是农

60

业民族，但也狩猎远征，这种狩猎在亚洲其他地方也很常见——农民们排成一长列，逐渐形成半圆，追逐前面的猎物，然后战车上的贵族们用弓箭射杀猎物。小米是他们最重要的庄稼，谷神是其中一位重要的神，其他的神都是家族和部落的祖先。那时稻谷已经出现，本地或许会产出一些，另外还可以从长江流域一带贸易交换。

那时人们已经饲养牲畜，也吃过畜肉，但没有证据表明他们喝过牛奶或食用过黄油。这是一个非常强烈的信号，说明中国的发展路线是从没有家畜的农业发展到有家畜的农业。如果中国人一开始是游牧民族，后来才定居下来从事农业，他们不太可能会完全忘记牛奶的用途。中国人与印度人在这一点略有不同，印度人的祖先毫无疑问曾经是游牧民，后来才发展成为农民和城市居民。古印度文献曾提到这一点，而中国文献却没有相关记载。印度人喝牛奶、食用黄油，牛奶和黄油在印度还具有仪式和宗教意义，但在中国并没有这方面的记载。

公元前 1400 年，中国人的农具仍然是石器。然而，尽管当时人们使用石器，但或许已开挖运河以灌溉庄稼。这一技术至关重要，因为灌溉使每亩土地的庄稼增产，每平方英里土地上的人口增多，而且有富余的粮食以供应集中居住在城市而不从事农业生产的人们。

这里可以举出几个理由加以说明，这一时期中国人已经学会灌溉。平原地势平缓，容易控制水流。人们也可以挖井，无需挖得很深，以"桶浇"的方式进行灌溉，至今华北地区的人们仍广泛使用这一方法。由于华北地区土层深厚而松软，没有粗重石块，所以即使使用石器和木制工具也能耕作。由于气候变幻莫测，当地旱年相对常见，大旱年份也不罕见。由于气候的多变性，人们重视灌溉，以防止干旱，确保更好的收成。那时，人们已经有足够的灌溉工程知识，这座特殊城市的规模、王陵的挖掘深度以及重要建筑物的地基便是证明。除非每年食物供应充足，否则人们聚居在城市是不现实的。

当农民和某些工匠使用石器时，贵族们却在享受精美的青铜工艺。他们有镀铜战车和马具、青铜盔甲和刀剑。此外，巧匠们铸造华贵精致的铜器，以供贵族们使用。在中国漫长的艺术史中，最精湛的艺术可追溯到商朝早期。铸造技术绝不是原始的。他们用蜡模做成铸件模型，当熔化的青铜倒入模具时，蜡模型就会熔化——即失蜡铸造法。

有人曾认为，使用青铜的贵族一定是来自中亚某地的入侵者，他们征服了使用石器的中国农民。但是，当时的社会制度、宗教和其他任何方面，都无法证明这个论断。或许中国独自发明了青铜铸造技术，独立于其他地方，抑或是在石器时代，这种技术通过缓慢的旅行、贸易和知识传播被带到中国，而不是通过征服民族的迁徙。

在这类历史问题中，至关重要的是，当青铜出现时，中国是否已掌握以石器为基础的高级文化与技术。当青铜开始为人所知时，无论是通过贸易还是发明，中国确实已经掌握了石器使用的高级技术，因此也能很容易掌握青铜技

62

63

术。此外，金属的进一步使用主要在于原材料的供应和运输。这类问题在所有文化史上都很重要，因为一项高级技术可以为另一项高低适中的技术而非过低的技术"提供养分"。如果你给野蛮人一把刀，而不教他如何制作金属刀具，即使他很原始，也会知道如何使用这把刀。但是，只有当他掌握一定技术之后，才能学会制作刀具。在美国早期，白人很快教会印第安人使用金属，但印第安人的技术太落后，而白人的技术发展又太快，他们很难及时独立地发明冶金术。

中国的青铜器可追溯至公元前2500年左右，那时新石器时代处于繁盛时期。商朝的青铜文化似乎直接来源于新石器时代。金属工具逐渐取代了石器工具，在多数情况下，人们并用石器和金属的情况持续了数百年时间。直至公元前500年左右，中国才普遍使用铁器。

以下例证将证实中国历史显著的连续性。比如，中国有的地区农民收割谷物使用的镰刀，与附近大约一百码远的地里挖出的石刀，不论大小，还是形状，都很相像，而且收割谷物时的幅度也差不多相同。再如，生活在中国西北地区的农民，他们所居住的窑洞，就像数千年前石器时代人们的洞穴。区别在于，现代居住在窑洞的人们，更喜欢在没有遮挡的悬壁侧面往里挖，而古代人则是从顶部往下挖。

商朝的统治者和民众都是中国人；换言之，其身体特征与今天同一地区的中国人相像。自商朝以来，中国历史上发生过许多次入侵与征服，但并未有足够多的侵略者迁徙至原有部落已长期生活的领地，并将其压倒。现在没有确凿的证据证明，原有部落当地的统治者或民众是来自其他地区的移民或入侵者。

我们知道，商朝人与其他方国的人频繁交战，他们可能非常相似。那时在政治上，没有一个方国像商朝那样强大。有证据表明，当时有许多"部落国家"，每个"部落国家"或许都像商朝一样，以"都城"为中心点聚居。其中，商朝几乎是最重要和最强大的国家，但远不是所有方面都强大，它还没有足够的实力一举征服所有的周邻方国。数百年来，中国都未曾出现一个强大政权，一个足以将许多小城邦建成一个大国的强大政权。

周朝：封建时代

中国历史上继商朝之后便是周朝，周朝大约始于公元前 1100 年，亡于公元前 221 年。①商朝被周朝所征服，周人居住在西部，即今天的陕西省，其文明程度低于商朝。周朝统治中国达数百年之久，最初这个民族连读写都不会，最终发展出丰富多彩的文化，不亚于中国历史上既有的文化。

周人不是征服商人的外族。他们与商人文化同源，也是中国人。商人居住在黄土高原东侧的富饶地区，更早进入较

65

---

① 周朝起始时间应为公元前 1046—前 256 年。

高级的发展阶段。然而，周人生活在较为贫瘠、水资源匮乏的那侧，开化较晚。由此，商人认为周人并不是野蛮人，而只是其乡民。当周的政治实力超越商时，他们开始效仿商，但其文化仍然处于比较原始的水平。

考古学家将周朝称为青铜器时代，因为虽然商朝已开始使用青铜制作各种武器、器具和工具，但这一技术的高度发展发生在周朝。

周朝被中国文化史家称为"古典时代"，并将其与古希腊的"黄金时代"相提并论。这一时期诞生了诗歌和历史书写等方面的一些经典著作，它们塑造了一直延续至 20 世纪的中国哲学思想。孔子、孟子、老子、墨子等中国伟大的哲学家都出自这个时代。

周朝被社会史学家称为封建时代，毫无疑问是因为周朝是封建社会。我们不难发现，封建主义如何在中国逐步兴起。封建社会非常适合在黄土高原的山谷里，其规模大小适中，在封建社会的战争中容易防御。由于周朝周边地带的黄土易于灌溉，由此周人由原始的狩猎和农业混合经济发展为一种集约化的农业。灌溉需要合作组织，不仅为挖掘运河，也为规范取水权和保护社区的灌溉工程。灌溉可增加每英亩庄稼的产量，也可使每平方英里土地上的人口增多。由于粮仓有可能会被抢劫，灌溉工程也易遭到破坏。因此，必须由武士阶级来保障集约化农业的和平发展，同时，军事首领分派兵役时，必须与分配修建和维护灌溉工程的集体劳作相协调，这些均有助于垄断军权和民政的地方贵族阶层的兴起。

周朝的封建制度形成了一种细胞状的社会结构，每个细胞组织都有一座围有城墙的城市，并派驻军把守，以保障粮食储藏和周围农场的安全。这座带有城墙的城市也是手工业中心，他们为农村生产布料、工具、器皿和其他商品。这些细胞半径只有 30 英里至 60 英里，步行或坐车需要一两天的时间，因为往更远的地方运送粮食和日用品不太划算。

自封建时代到已有现代交通的当今时代，中国农村一直保留着细胞状结构的部分特征。现在仍然有许多城镇保留城墙，它们最初用于保护邻近农场，以免受到战争和偷盗的影响，现在有些城镇仍继续储存农民的粮食，并供应农民所需的商品。

封建时代的中国正如封建时代的欧洲，真正的主权单元是封建领主的领地，而非国家。周朝皇帝代表着文化认同的中心，但并未直接管理帝国的每块土地。在封建制度所许可的范围内，他们只要求大贵族对其臣属效忠，而每个大贵族又同样要求小贵族对其臣属效忠。周朝统治者也有自己的领地，但他们并非以皇帝的身份，而是以封建贵族的身份管理领地。

周朝的都城位于中国西部，即现今的陕西省西安市附近，建都约 300 年之久。公元前 771 年，周人被西戎所击败，这个西方部落或许同周人以往的情形相似。战败后，周朝将都城迁往东部。因此，河南北部再次成为中国的文化中心，那里曾是商朝的领地。

黄河下游大平原的地形有利于远离封建主义。小诸侯在山谷中易于防守、保存实力，但并未有一个封建领主能在开阔的平原上划出永久安全的边界，这意味着封建贵族们必须合作以形成新的更大的兼并联合，即采取诸侯国的形式。

陕西的黄土山谷变成边境地区，由世袭贵族统治，即所谓的"西陲大夫"。封建的秦国由此发展起来，并最终在公元前3世纪灭了周朝，建立一个更集权的新帝国。

在周朝后半期，历史记载日益完备，年代也愈加精确。历史记载了周王权如何衰落，封建诸侯国如何日趋独立，他们为了挟持羸弱的周天子而互相斗争，周天子被困在河南北部的一块领地内，这里远不如中国其他的诸侯国重要。然而，挟持了周天子并不意味着王权已经转移。

与此同时，中国文化影响的地域范围日益扩大，中国民族的历史事件也是层出不穷。中国文化的拓展在长江流域尤为明显。事实上，数世纪以来，长江流域南方诸国之间的战争与黄河流域北方诸国之间的战争并不相同。南方诸国之间的战争使楚国得以崛起。楚国位于长江和汉水的交汇处，即今天的汉口所在地。据说楚国统治者是第二代周王随从的后代，但楚国人却与北方的中国人不同。楚国沿着长江流域一直扩张至沿海地区，征服了其他几个诸侯国，并在北方统一前统治了南方。因此，结束周王朝统治的最后几次毁灭性战争具有双重意义。这几次大战不仅关系到北方控制权归属的问题，而且还关系到中国中心的位置问题，即选择黄河

流域还是长江流域。秦国最终获得胜利，并将中国统一为
帝国。

孔子、孟子和老子都是中国哲学的"奠基人"，他们都
生活在东周连年征战和社会大变革时期。在那时，中国文
明已高度发展很长一段时间，我们不能误认为中国人只凭打
坐沉思便创建出中国哲学。之所以成为伟大的哲学家，是
因为他们生活在一个变革的时代。正在发生的变化促使人
们去思考。最伟大的思想家们回顾过去丰富多彩的思想丰
碑——传统、文学、宗教和社会制度。为了解决时代问题，
他们从历史上选出人们认为最重要的东西，并应用于当前的
时代。

例如，老子关于自然力量的哲学便源于中国古代的自然
知识。老子的哲学与其说是科学，不如说是玄学，是数世纪
以来神秘主义之集大成者。事实上，民间流行的道教（所谓
的老子哲学）与学术上的道教有所不同，它是多种巫术和神
怪的结合。现代道教大量借鉴儒家和佛教理念，再饰以超自
然的传说。

孔子哲学关注人伦纲常。他试图为个人、家庭和国家制
定一套和谐统一的伦理体系。由于他生活在变革的时代，个
人、家庭和国家的地位和职能都在发生改变，他重新阐释了
传统观点，并重点强调了新趋势，他的学说成为中国社会制
度的经典。孔子学说的核心是妻从夫、子敬父。国家和家庭
一样，君主的权威如同家长的权威，并以此为基础来统治这
个国家，官场的等级制度就像由父子、兄弟组成的大家庭之

69

70

中的长幼尊卑之分。

孔子所收集的都是一些古老的诗歌和民间传说。早在孔子之前，社会、家庭、婚姻、两性关系和财产所有权等，并不总是孔子理想中的模样。因此，现存的儒家经典以及附有注解的作品中，诸多章节已与古代原本相差甚远，正如《旧约》的某些章节。在詹姆斯王钦定的《圣经》译本中，《所罗门之歌》的章节与古代希伯来文原文相比，两者出入较大。

第二章

中华帝国

公元前 221 年，六国中的最后一个诸侯国被伟大征服者秦始皇灭亡，中国成为一个统一的帝国。当时，罗马和迦太基正在交战，即布匿战争，而迦太基尚未被摧毁。中国的帝国模式始于公元前 221 年，终于公元 1911 年。因此，两千多年来，尽管中国历经多次入侵和内战，却一直延续这种帝国模式。与西方世界历史相比，我们可以发现：同一时期，西方历史的重心从意大利转移到法国、西班牙、英国、大西洋地区和北美洲。相较之下，中国的历史似乎是封闭、停滞的。但实际上，中国有其自身发展的历史，为了理解中国在整个人类编年史上的利害关系和重要意义，我们必须了解中国内部发展的主要史实。

当秦始皇被称为中国的统一者时，这个赞誉有点过高。他真正做到的是摧毁了中国封建诸侯国所造成的四分五裂的割据势力；但是，秦王朝在交通、经济组织和政治管理方面的实力都无法与其军事实力相匹敌。秦始皇的军事据点位于中国的西北角，他从此处向其他地方推进，不仅打破了中国的封建政治结构，也打破了中国的封建社会秩序。

秦始皇驾崩之后，混乱的内战时期随之而来，中国再次陷入四分五裂的局面。但有趣的是，为何中国人没有恢复分封制以摆脱这种混乱（尽管有些领袖试图尝试），他们只能继续向前，再次尝试创立秦始皇创立的那种帝国，才能做得更好。

同样有趣的是，当后来的帝国建立时，必须从国家的中心位置开始，而非秦始皇起步的西北角。

汉朝

新帝国汉朝始于公元前205年，亡于公元221年。[①] 汉朝中期有过短暂的中断，即公元前9年，篡位者夺取了皇位，这一中断把汉代分为前汉和后汉，或称西汉和东汉。汉朝创立者来自地势较低、平坦的淮河流域，位于黄河流域和长江流域之间。从地理角度而言，汉朝之所以能巩固权力，是因为它地处北方和南方封建王国的残存者之间。从社会和政治角度而言，汉朝开国者之所以能够掌权，是因为他并非试图恢复封建制度的贵族，而是曾经的小胥吏和强盗。这段经历的优势在于，他了解中国最重要的基层组织乡与里的某些情况。他有机会亲身了解最难管控的人就是那些盗匪，由

73—74

---

① 汉朝起始时间应为公元前206—公元220年。

于旧政府的崩溃，他们被逼落草为寇。通过将原先跟随他的盗匪们组织成一支规模日益壮大的正规军，他建立了自己的军事力量；通过在其控制地区安置部属和亲属，他建立了自己的政治势力。他只有在掌控中国其他地区后，才进行决战。由此，他来到具有战略意义的中国西北角，并定都于此。但是，一旦他到达这个地方，就无需为了占领中国其他地区而离开这里，而是将其作为一个有利地域来监视、巩固他所征服的区域和帝国。

中国的西北角有许多优势。都城长安坐落于渭水与几条小河汇入黄河的广阔平原。平原的农作物为帝国驻军供给食物，东有黄河、南有秦岭山脉作为天然屏障，由此，其他地区的叛军很难突袭都城。

汉朝皇帝利用这一有利地势，可以监视中国其他地区，同时也便于防守蒙古和西域边境。黄河蜿蜒北上形成一个大转弯，成为汉帝国至关重要的边界，正如多瑙河对罗马帝国一样。边界之外的部落时常侵扰中原，就像匈人部落时常侵扰罗马人那样。对抗这些部落并无益处。与其贸易往来倒是有利可图，但并不是必需的。统治这些地区的成本大于其本身的价值，因为蒙古的干旱平原不适宜发展农业，而中国基本的财政收入主要源于土地税。

在这种情况下，定居的汉人与西域、蒙古的游牧邻居之间形成一种长期的不稳定关系。有时汉人不得不出征，以打破游牧部落日益强大的军事力量，但也尽可能避免此类行动。因为远征耗费巨大，后果也不确定。游牧民族可以随时

75

收起帐篷，赶着羊群牛群，迁徙至任何地方。当中原军队撤退时，游牧部落的骑兵便会阻止他们撤退。汉人和罗马人一样，只要有机会时就会使用其他办法，而不是选择远征。他们雇用小部落的武士，辅助中原军队以对抗大部落。他们会笼络一个部落去攻打另一个部落。

另外，鼓励贸易是维持边境及其以外地区和平的另一个方法。现代许多史学家完全误解了这种贸易的性质，中国人不是为了处理过剩产品而寻找新的市场。总而言之，中国的贸易十分平衡。没有大规模生产使每件产品的成本越来越低的情况。一般而言，中国大多数地区都是根据需求进行生产和消费。中原向西域地区拓展贸易，更重要的驱动力是为游牧民族首领提供购买必需品的机会，由此他们便不会掠夺和攻击中原。安排这种贸易的便捷方法是允许游牧民族派人前往中原，他们被礼称为"使节"。这些使节们按照惯例要携带传统意义上的"贡物"，如金沙、良马以及游牧民族的其他土特产。朝廷赏赐他们诸多"礼物"作为酬谢，包括丝绸和中原产出的其他物品。此外，使节们当然也进行大量的私人交易。他们将带回的东西卖给其他游牧民族。正是通过这种方式，中国的丝绸最终远达罗马帝国的市场。

边疆地区也有一些混血民族，其中一部分是汉人血统，一部分则是游牧民族血统。这些民族有时会帮助汉人去攻打其他部落，有时会联合部落民族共同袭击中原。中国有些最著名的将军便来自边境的混血民族，有些部落民族完全是地道的少数民族，却充当朝廷的职业军人。事实上，诸多著名的武士有时为这一方效力，有时又为另一方效力。

中国在北方边境采取谨慎的战争与和谈交替的策略，与自身在长江流域以外不断发展遥相呼应。在长江流域以外，中原人遇到一些弱小民族，其中有些是猎人和渔民，有些是农民，他们在丛林中耕种小块农田。这些人很容易受到中原人影响而同化。这种同化无疑解释了为何华南地区方言种类繁多的原因，尤其是在东南沿海地区。这些方言在某种程度上就像历史发展的标志，展现了不同时期非"华夏"地区的人们全部接受"华夏"语言和文化的过程。

汉朝的政治集中、整顿以及扩张，伴随着文化的统一和新文化的发展。在汉朝以前，中国人开始用毛笔，而不是用尖头笔写字，紧随其后的是纸的发明。这种新事物的应用自然会导致字体发生变化。当出现这些变化时，经典著作自然会受到影响，对原稿的反复抄写会逐渐产生出入。因此，汉朝学者致力于创作一种权威的石刻经文，这是印刷术发展的重要一步，由此，出现了石刻"拓本"。

汉朝的学术与编纂对中国文字的演变留下了永久印记。除了编辑许多"钦定"经书外，这一时期还编纂了中国历史上第一部字典和第一部百科全书。石刻经文和纸、墨的发明，都呈现了文化发展中的重要阶段。数百年后，中国人发明了印刷术，中国文化的发展达到顶峰。

汉朝最重要的一项文化发展是佛教传入中国。这是印度文化首次对中国产生影响，即印度文化内部发展起来的一套思辨性的思想体系，也是首次出现在家庭和国家之外的制度

77

78

化宗教。数百年来，中国朝圣者长途跋涉前往印度，不仅是为了朝拜圣地，更是为了获取权威的佛经抄本。在中国学生前往欧美学习之前，佛教是唯一的中国人认为值得离开国门外出学习的权威思想源流。

王朝兴衰

　　汉朝在崩溃混乱中走向灭亡。这种崩溃呈现出中国历史上一个关键的问题：旧王朝何以衰落，新王朝如何兴起。寻找"强"帝王和"弱"帝王之间的差异是非常流行的做法。为了避免只看到事件的偶然性，我们需要更深入地了解历史。因此需要中断一下历史叙述，以说明这个问题。

　　中国的经济命脉一直依赖土地所有制。谷物已成为衡量财富的标准；征税的能力是衡量国家权力的标准；储粮是衡量军队驻扎和作战能力的标准。事实上，国家征税与地主收租之间一直存在冲突。当经济困难时，不管是地租还是赋税，这些富余粮食并未分配给实际种地的农民。当国家强盛时，可以通过阻止地主收取过多租金的方式，按需征收赋税。当地主势力强大时，他们能够反抗或逃避国家的权力，立于农民和政府之间，将农田收成以地租的形式转变为私人财富。

　　这种极其重要的财富有一种特殊的形式的冲突，往往因为地主收租和政府征税通常是同一人在执行。中国的经济活动需要大量记账。灌溉在中国农业中的重要性与此密切相

79

关。正如在加利福尼亚州和其他州（灌溉占有重要地位）的
美国人都很清楚的那样，灌溉农业意味着拥有水比拥有土地
更为重要。灌溉需要精心计算，复杂账目记录着谁有权在何
时何地使用多少水。当政府的主要收入来自土地税收时，纳
税清册和地租清册都与这些记录密切相关。

　　中国文化最显著的一个事实是汉字书写的复杂性和艰
难性。汉字书写（正如埃及文字）或许从很早时就故意设计
得很复杂。因为人们依靠文字书写守护着财富和权力的"秘
密"，控制着水资源和租税的分配。即使这种观点可能是一
种猜测，但是我们至少知道，汉字书写是非常难的，在中国
接受良好的教育比在任何西方文化当中都要花费更多的时间
和精力。因此，中国闲适地主家的儿子比贫穷佃农的儿子
更有机会接受良好的教育。而且，记账的能力不仅对地主有
利，而且也是充当政府税吏的重要资格。

　　因此，地主的儿子不仅可以继承家产，也比普通人更容
易晋升至官府高位。这种情况司空见惯。大多数高官都出身
于地主家庭。他们不向富有地主征收附加税，反而任由地主
向农民转嫁重税以保全自身财富。这个过程很容易操作，而
且经常把农民从贫困推向更贫困，最后达到不堪忍受的赤
贫。这就解释了为何在中国漫长的历史进程中会周期性地出
现同样的现象：一个"兴盛"的国家，一个文明、优雅、奢
华的朝廷，全国各地有许多富裕和书香门第的家庭，若干
年后，一场农民起义爆发，国家陷入四分五裂的极度混乱局
面。许多武士和冒险者在起义中崛起，他们用剑夺取了政

80

权，而不是依赖中国经典中所宣扬的文明和哲学。

　　然而，一旦这些人掌握了权力，他们也需要稳定的收入以维持政权。士大夫保存了旧政府的行政簿册，而军阀能够成功地招揽士大夫为自己效劳，由此一来，他就最有希望建立一个新的稳定王朝。由此，旧的循环再次复始。儒官不可避免又是地主出身的士大夫。他们在为新王朝服务的同时，为自己及其继承人也建立了一份地产。

　　在221年汉朝灭亡前后的混乱年代，我们还发现其他因素也在起作用。中国皇帝试图对既是其仆人又是竞争对手的地主保持优势，力图设计出一系列社会、政治和经济相结合的制度。宦官制度便是其中之一。地主家庭易于通过代际传承增强实力。而宦官则无法组建家庭，他首先是皇帝的奴仆，不仅能在宫廷里伺候皇帝，而且也能在朝廷中为他服务。然而，没有任何一种手段可以确保长期垄断权力。宦官在中国历史上形象邪恶。虽然他们不是政府败坏的唯一原因，但是每当政府因为其他因素开始崩溃时，他们总是处于最糟糕的状态。

　　每当地方豪强的权势增大时，他们就会冒着被朝廷查究和惩处的风险，尽可能多地从税收源头截取田地收入，阻止税收到达都城。相应地，如果皇帝性格懦弱、优柔寡断，或者身边围绕着腐败的官吏和宫中侍从，地方豪强会感到安全许多。因此，朝廷中那些易被金钱腐蚀的人便成为其天然盟友，相较于国家稳定，他们更关心地方财富与权力。

　　当这类联盟出现，新帝虽继位，但尚未能维护个人权威或执掌国家权力细节时，很显然，这是所有热衷于追逐权力的人最好的时机。如何才能延长他们的有利时期呢？若新皇帝已成年，明显的手段就是让他陶醉于某些个人方面的新权力，如此他就永远不会开始真正掌握实权的艰巨工作。如果他沉溺于骄奢淫逸的生活，那真正的权力就会一直被那些懂得如何去使用它的人所把持。官员只需阿谀奉承皇帝，为其提供取乐所需的一切，从而随心所欲地对国内其他各地恣意勒索。宦官比任何人更有机会以此方法来腐蚀皇帝，因为他们与皇帝和后宫嫔妃密切接触。

如果新皇帝还是名幼童，那他被腐蚀的范围更广、时间更久。当皇帝还未成年时，摄政者能以其名义为所欲为。腐败到了极致——这时，宦官是邪恶的便捷工具——如果小皇帝过早地堕落，即使等他长大成人，也永远不会变得英明果决。或者，他在亲政之前就被害死，另一个婴儿被选择继位，因此摄政时期便得以延长。

这些是贯穿整个中国历史的重要因素。但是，中国历史是一幅丰满的画卷，其中不仅有雄才大略、富有远见和具备英雄气概的人物，也有自私自利、大逆不道、阴暗卑鄙的人物，这一历史事实警醒我们，对于幅员辽阔、文化丰富、精力无限、具有创造潜力的中华民族历史，应该谨防利用个别人物对其片面解读的做法。这种研究方法让太多的中国历史学家和史籍注释家持有偏见，尤其对西方学生有特殊的吸引力，后者正在中国卷帙浩繁的编年史中选择自己的解释路径。

为了更全面地了解中国历史，有必要将各时期的重要人

83

物与其所处时代的自然背景联系起来，其中包括地理、构成自然单元的主要区域、商道和交通路线。

如此，我们很快就会发现，王朝的兴衰并不仅仅是好政府与坏政府的交替。这种交替只是另一个甚至更大过程中的一个过程，即中国文化的发展和中国人向外迁徙的过程。

中国人及其文化总有越界向外的倾向。在北方的蒙古地区和西域，强悍的游牧民族受到中原文化，甚至中原政治思想的影响；但由于他们以游牧为生，而不依赖于农耕，因此他们与中原人不同，他们也无法完全合为一个整体。即使西域有许多绿洲使得可能建立富裕的农业社区，但是，绿洲之间的沙漠也导致农业社会不可能像中原那样大量合并。

中原人在南方开拓并传播文化。在这里，他们发现许多小块肥沃而尚未开发的平原，还有山丘、丛林和湖泊。这里的居民后来被称为"土著部落"。中原人作为一群富有冒险精神的人闯入其中，为其集体组织带来了更为高超的政治技巧。最终，他们在"土著部落"所在地定居下来，打败反抗之人，并逐渐将其"改变"以接受中原人的生活方式。

六朝

现在继续 221 年汉朝灭亡时的历史叙事，东汉灭亡的原因之一是，中国的政治结构整体上已不能有效地处理中国及其文化的地理扩散。

此后的三个半世纪内，中国文化回归到较小的政治单元体系。尽管这段时期很长，但并不稳定。从本质上讲，统一的文化确实需要管辖所有地域的政治结构；但是，寻求这种结构会要经历数代人的冲突，在这个冲突期间，文化和政治的进步只能非常缓慢地弥补战争所造成的破坏。

首先，持续半个世纪的三国出现。这是一段分裂时期。这时，中国出现了传奇式的英雄人物与奸恶之贼，这些故事和传奇流传至今。他们不是新时代的人，而是曾经伟大如今却已衰落的汉朝人物。三国位于不同的自然地理区域。北方的魏国以黄河中游为基础，继续面临与北面游牧部落的战争和贸易的边疆问题。西部的蜀国以如今四川丰饶的水稻种植区为基础，四周高山环护，由此与外界隔离。吴国沿着长江中下游而建，从洞庭湖周边的稻田中获取财富。

三国体现了中国即便在混乱时期还是在继续发展。蜀国深入至今天的云南省，甚至到达缅甸；吴国向长江以南扩张，开拓教化南方部落。因此，从国内政局的角度而言，三国是四分五裂的时期；从中国文化传播的角度而言，三国却是不断拓展的时期。

三国之后出现了两晋及其他许多小王国。北方连年战争之后的历史过程，是中国历史上反复出现的主题之一。晋朝脱胎于魏国和蜀国。晋朝在与北方游牧民族的战争中被打败，但在中原地区的战争中取得胜利，并继续开拓了疆域。最初，晋朝都城在黄河边的洛阳，后迁移至长江下游的建康。

86　　　　4 世纪末，晋朝在北方败退后，北魏创立。北魏的祖先是游牧民族，部落名称是拓跋。由此，历史的进程具有双重性：一方面，中原的政治边界被征服者推至南方；另一方面，中原的文化边界被征服者推至西北和北方，这些征服者的文化和社会特征迅速被中原同化。

北魏在中国石窟艺术史上颇负盛名。今天山西和河南两省留存着北魏时期的巨型佛教石窟雕塑，它们仍带有浓厚的印度文化印迹；反过来，印度这种影响也反映了希腊文化随着亚历山大大帝东征深入中亚和印度西北部，尽管这种影响曾被歪曲，但仍旧很明显。

北魏 ① 亡于 589 年；与此同时，诸多小国在长江流域及长江以南地区悄然兴起。因此，5 世纪和 6 世纪被统称为南北朝时期。刘宋始于 420 年，终于 477 年，② 定都建康。由此开始，建康被后继王朝选为都城，分别是南齐（479—501）、③ 南梁（502—557）和南陈（557—589）。

纵观这段历史，很容易联想到这些短暂而动荡的小王国，每个王国都割据一方，互相厮杀，破坏了文明而有序的生活。然而，事实上，这也是成长和发现的时期。新的组织和权力策略正在相互较量。这是佛教在中国兴盛的时期之一，佛教不仅是一种宗教，同时也是一种社会力量和政治力量。佛教寺院对集体经济技术的发展起到重要作用。尽管寺

87

---

① 含后续的北齐、北周。

② 应为 479 年。

③ 南齐应终于 502 年。

院并未采取家族父子传承式的世袭制，但寺院团体也具有连续性。他们或许汇集了个人才能和技术，拥有大片土地，继承了中国大规模的工程技术，如灌溉、疏浚、防洪和修建运河，使农业进一步繁荣发展。

虽然南方相继出现的政权规模均甚小，但文化交流却颇为广泛。在南京附近仍然能见到梁朝的墓雕，这种墓雕与中国的古典传统已不尽相同；尽管南方局势动荡，但长江下游的贸易和文化交流此时已深入至中南半岛和暹罗。

然而，全中国新的重心调整至北方。北方战争不仅仅是同类军队之间的重复战争。北方的中原人不得不与草原游牧民族作战，他们从游牧民族那里学会骑兵战术和广泛快速的机动作战。与此同时，他们也同南方诸国作战。而南方河流纵横、稻田成片，使得所有军队的行动因此而放缓，尤其是骑兵部队。此处作战取决于对战略地区的控制，重兵驻守的大城市对战略地区进行指挥，沿着河流和运河运送供给，这具有经济和军事的双重战略意义。运河工程对战争能否取得成功起到关键作用，在政府行政管理中也必不可少。

隋朝：统一与交流

六朝时期的战争如何促进政治、军事和技术发展，理解了这一点，也就更容易理解从隋朝开始的新的大一统。讲到隋朝，不禁让人想起秦朝，尽管秦朝仅从公元前 255 年持续

88

至公元前 206 年，①但是从小王国开始扩张为帝国经历了相当长的时间。隋朝是在长期备战中形成的。隋朝都城最初在长安，后迁都至洛阳，即中国文化发展的另一个中心，位于黄河河曲以东。

经过数百年没有结果的区域战争，中国以惊人的速度统一，主要源于两个因素的结合。隋朝地处中国农业区的西北，在与游牧民族的传统边境战争中增强了机动性与战斗力。隋朝军队对高句丽的战争证明了其强大的威力。

然而，隋朝之所以能够在中国农业中心建立政权，是因为他们适得其时地发明了一项重要技术，这是属于所有中国农民共同的遗产，也是水利工程的遗产。此后，灌溉、防洪、疏浚、开凿运河等工程均在自然区域内进行，如陕西的渭水流域，山西的汾水流域，以洛阳为中心的黄河下游河谷，宽阔平坦的淮河谷地，及其位于黄河与长江之间的沼泽和湖泊，以及以建康为中心的长江下游。如今，隋朝修建一条新运河将其全部连接，它首先将中国的运河连接起来，组成贯穿诸多运河网络的主干系统。由此，在所有粮食主产区协调征税和维持驻军成为可能。

隋朝灭亡正如其兴起一样突然，但中国并未再次陷入分裂局面。这也容易解释。隋朝的军事力量只能在中国北方游牧地区发展起来，但它在未能完全控制游牧地区之前，将目光转向中国富饶的农业中心。这一举动使隋朝易于受到任

---

① 秦朝起始时间应为公元前 221—前 206 年。公元前 255 年是《资治通鉴·秦纪》开始的时间。

何更强大的觊觎者的攻击，因为后者拥有相同类型的军事实力。因此，隋朝被本朝一位将军所取代，他建立了中国历代王朝中最辉煌、统治时间最久的朝代——唐朝。唐朝从 618 年延续到 907 年。

唐朝

唐朝政权的建立依赖于中国长城一带的北方地区与农业中心的结合，这比汉朝的情况更为优越。那时，现代蒙古部落还未形成。长城以北与西域的语言文化主要是突厥语及其文化。有的现代蒙古部落是突厥人的后裔。蒙古最东部和东北诸省大部分地区的部落主要是通古斯人，满族人是其后裔。唐朝与突厥和通古斯部落建立了复杂的联盟关系。距离长城最近的部落首领与中原公主联姻，他们被视为"皇亲国戚"，其部落逐渐深受中原文化的影响。他们派遣骑兵使团前往中原，享受与中原贸易往来的优惠条件，由此部落得以繁荣昌盛。

此外，在现在东北诸省、外蒙古、新疆等北部地区，以及远至西伯利亚和中亚地区，还有中国从未完全控制的部落，或从未加入其稳定的联盟和贸易体系的部落。尽管这些部落在语言和文化上更接近，但在必要时，距离中原较近的部落却很乐意在唐朝的强大支持下与距离中原较远的部落作战。这与罗马帝国在诸多方面非常相似。在漫长的岁月里，日耳曼和多瑙河沿岸的日耳曼部落和斯拉夫部落曾充当过罗马帝国的"辅助军队",捍卫着欧洲内陆边境,抵御更遥远、更野蛮的日耳曼人和斯拉夫人。与罗马类似,中国朝廷也有来自游牧民族的"禁卫军",这种"禁卫军"有时也会反过来控制皇帝和宫廷。

91　　只要处于盛世,边境体系的稳定就能保证中国内部的繁荣稳定。灌溉工程保持良好,供给余粮。通过运河运输谷物成本低廉,由此一来,整个帝国就有机会人为地建设一个重心。天然的经济重心在长江流域,那里产粮最多,也生产茶叶(广泛饮茶始于唐朝)、丝绸和瓷器等商品。天然的政治重心在黄河流域,因为军事力量来自北部边境。由于大运河的使用,经济重心向北方推进,在唐朝时期与政治重心相互结合。

中国的自然财富以此得到保护和控制,诸多进步才成为可能。正是此时,中国的科举制度得到充分发展。复杂的行政管理需要大量文官,汉字书写的困难意味着任何识文断字的人几乎都有机会被政府所录用。这种官僚制度自然倾向于发展自己的精英阶层,而精英的选择不可避免地以文化水平为标准。一个人书写的文章越艰深晦涩、越富有哲理和诗意,他越能从大量的引文和名言中锻炼自己的记忆力,他也就越有希望获得更高的官职。因此,哲学和文学实际上主要是因文官制度的发展而发展,正如直到最近,英国人用希腊文和拉丁文写诗的能力,是他们为英国和印度政府培养人才的附带成果,是牛津、剑桥教育的附带成果。

92　　不可避免的是,那些无需自行谋生的年轻人才有机会接受更好的教育，参加更高等级、难度更高的考试。这一事实表明，首次在唐朝体制化的科举考试，尽管在名义上是"民主"的，但实际上，高级官僚是半贵族半世袭性质的。

唐朝时期，中国绝不是一个封闭的世界。由于中国和中亚在政治和战略上的平衡，中国内陆边疆的贸易与文化交流比沿海地区更为重要。当时，佛教再次从印度传入中国，摩尼教、祆教和景教则经由西域传入中原。西域的吐鲁番城镇和绿洲，完全可以称为这一时期的上海。这个城市有许多外国人的聚居区，其住处与本地人相距较远。每个聚居区保持着各自的宗教信仰、服饰和语言。由于沙漠地区空气干燥，这一时期杰出的历史文物被保存下来，文物上有多种奇特文字的原迹，洞穴里的壁画也尚未褪色。创作宗教壁画的工匠似乎有一个习惯，他们经常把赞助人的画像与宗教场景相融合，因此，我们甚至有诸多不同的人聚集在中国西大门附近的视觉证据。

佛教在汉时传入中国，在北魏和唐朝时期达到鼎盛，产生较大影响。一方面是因为在这数百年里，通过西域前往印度相对自由和安全，那时佛教在西域也较为繁盛。另一方面是因为佛教作为宗教比作为思想体系具有更强的生命力。这时，佛教寺院成为拥有财产的机构。如同中世纪的欧洲一样，寺院设法创立了一套合法的概念，非个人团体有权拥有财产，他们在战争时期保持中立，并且得以免交赋税。寺院的财富和中立态度使其能够资助绘画、雕塑和学术等事业。但就像欧洲一样，豁免权最终引发寺院与国家之间的冲突。

93

在战争时期，大地主们在政治上的表现引人注目。他们不得不选边站队，要么变成强大的力量，要么突然被毁灭。只有寺院整体上越来越富有，当然，个别寺院偶尔也会被剥夺土地和征收赋税，甚至被掠夺。为了获得豁免权，诸多地主将土地转到势力强大的寺院名下。

当唐朝达到极盛时期，为了增加收入，奖赏支持朝廷并由此获得权势的家族，不可避免地开始削减寺院权势。结果，寺院受到整顿，土地被没收，佛教从此在中国再未获得过土地。佛教作为一种宗教信仰被保存下来，儒家思想作为国家哲学和科举制的基础，恢复其至高无上的地位，而科举制最重要的成员均出身于地主阶层。然而，与此同时，佛教已经从中国传入日本，日本在唐朝时期从中国学到的东西，超越其他任何时期。

94—95　中亚宗教于唐朝传入中国，景教似乎并未走出外国商人聚居区，但伊斯兰教却永存下来。在华南和西南地区，伊斯兰教是由阿拉伯商人通过新加坡附近的海路传入。除商人之外，中国西北地区的第一批穆斯林包括唐朝皇帝雇用的中亚人，甚或是来自波斯和阿拉伯的雇佣兵。其中，许多雇佣兵分到了土地，迎娶了中国妻子，并在中国永久定居。

唐朝时期的国际影响和儒学复兴相互作用，创造了精美的绘画与雕刻，尤其是伟大的诗篇。此后，唐诗一直在中国受到高度评价，其丰富多彩、抒情与悲剧的结合特性好比伊丽莎白时代的诗歌。

五代

当唐朝衰落时，内部和边疆同时衰落。这时，国内再现众所周知的旧现象：掌握权势的官吏家族变得富有，这些家族篡夺地方权力，成为占统治地位的地主，他们以地租形式侵吞土地收益，政府税收日渐减少。政府对官员失去控制，由此也失去对地方的控制。

与此同时，"臣服"于中原的边疆地区部落首领开始要求权力。他们将曾派往中原服役，或代表中原征战边远部落的兵力转为自用，充实自身权力。随着中原再次分裂成多个实力强大的区域力量，边境首领们开始建立自己的领地。

在后继数百年的历史中，这些边疆政权成为具有决定性的重要因素，逐渐导致 13 世纪蒙古人的大征服。这些政权的社会结构结合了北部尚武的游牧社会与南部生产粮食的农耕社会，还有各类工匠、手艺人、商人，以及在武士统治下从事行政管理的文官。

不可避免地，各边疆政权之间不仅互相争斗，而且还与蒙古北部和黑龙江更纯粹的边远部落作战，以决定向中原收取贡物的这些政权，是否应该向它们北部尚武的部落纳贡。

强大王朝覆灭之后，极端分裂再次出现——从 907 年到 960 年，大约半个世纪的时间被称为五代。直到大约 300 年

96

后，统一才再次出现，一个"强大的中国"重新建立。

宋朝

　　宋朝始于960年，亡于1280年。[①]尽管宋朝有过辉煌时期，地方繁荣、文学修养提升、文化活跃，但它从未牢固地统治过整个中国。宋朝最初建都于黄河流域。但在1127年，都城不得不迁至南京应天府，而后迁至长江下游的临安。在此后百余年的时间里，宋朝为了维护保持中国特征的华南区域，顽强地抵御来自黄河流域的威胁，那里是大批北方征服者收取贡物的地方，但是宋朝在战争中逐步败退。

　　第一个征服者是辽，这是一个兼有突厥人和蒙古人特征的游牧民族，其大本营位于热河省[②]以北地区。辽的部落名称是契丹（Cathay一词的由来），辽并非突然出现在中原地区的边境。其历史可追溯至唐朝，契丹曾是唐朝的属地。因此，当契丹人开始进犯中原时，他们早已掌握中原的一些情况，比如，如何管理中原以及如何剥削中原人。契丹人难以迅速地融入中原社会和文化，由于他们与其他更好斗、更远离中原文化的部落的战争长年不断，由此保持了社会的核心活力和尚武精神。

---

① 宋朝应亡于1279年。
② 原中国省级行政区，位于今河北、辽宁和内蒙古自治区交界处，省会在承德，1955年撤销。

契丹人首先占领华北部分地区，即唐朝灭亡后五代后梁的领地。早在宋朝之前，契丹人已建立辽政权。12世纪初，辽已统治到黄河流域的整个华北地区，建都燕京，即今天的北平。从那时起，辽不时地与统治长江流域的宋朝作战，但他们并未完全征服长江流域，而是从宋朝获取大量丝绸、钱财等赔偿和贡物。

98

由于北方其他部落的崛起和其他战争牵制了部分精力，辽并未将全部力量用于宋朝。辽在北方占领了外蒙古和东北诸省部分部落的土地，但并未完全征服；唐古特（Tangut，即西夏）的兴起在西部限制了辽的发展，那是中国历史上研究最少的王国之一（唐古特最初是一个藏族部落，位于黄河上游，即今天的陕西、甘肃和宁夏诸省的部分地区，建立了由汉族、藏族和蒙古部落组成的混合王国，即西夏）。

最终，辽被女真人推翻，女真是附属于辽的纳贡部落。中原的史书后来将其记载为女真族（Nuchen）。他们建立的朝代名为"金"，金一方面继续与辽的边境战争，另一方面继续与宋的战争，并要求宋向其进贡。

中国的正统历史认为，宋朝在整个时期保持了王朝承继的真正传统。尽管其军事力量薄弱，但在哲学、文学和艺术方面却保持高度发展，甚至创造出绚烂的文化。

宋朝哲学以其对儒家规范的重新审视和重述而著称。在艺术方面，华南民众擅长绘画、生产丝绸和瓷器。宋朝也是中国航海史上少有的具有重要意义的时期之一。宋船航行至荷属东印度、印度，甚至到达阿拉伯。宋代数学的复兴或许

99　受到阿拉伯和印度的影响。在辽朝统治的北方，建筑风格非常独特，令人印象深刻，现在遗存的建筑为数不多。

宋朝有一位著名的改革家王安石，他在政治实践和理论上均有作为。作为一名官员，他的威望来自两方面——对古典诗书的研究和对长江流域防洪工程的指导，这在中国文化中具有典型性。他最终败给了试图解决的问题，这也是典型的难题，即如何将农业收入从地主阶级转移到政府，而不破坏地主阶级本身的结构。他的理论常被曲解称为社会主义。王安石的目标并不是让国家所有，而是由朝廷官僚垄断税收。而挫败他的现实是，公共生活中为国家服务的官吏，私下大多是收取地租的地主。

近年来，王安石的理论在中国重新被提起，并引起广泛讨论，因为人们不安地意识到同样的老问题——即公仆与地主的双重身份。人们试图通过教育和培训提高官员的诚信度以解决此问题，而不是消除对其最大的诱惑，即地主制度对佃农生命和财产固有的专制。

宋朝虽然羸弱，但也有战争英雄岳飞。他至今仍是民间
100　传说中脍炙人口的英雄。他的扬名并非是由于他的将才，而是由于他坚持与北方民族作战的坚定决心和忠心。但最终击败他的是朝廷官僚的态度，他们宁愿屈从向北方民族缴纳沉重贡赋，也不愿意一名将帅取得大权，因为个人的军事威望或许使他有机会掌管文官政府。

宋朝文化高雅、经济衰退，并伴随着社会动荡，这种情况大量反映在中国著名小说《水浒传》之中。这部小说

由赛珍珠女士译成英文，题为《四海之内皆兄弟》(*All Men are Brothers*)。尽管小说中只描述了宋朝与北方民族战争的遥远往事，但呈现了中国内部由于远方的震荡而分崩离析的局面。

元朝

无论是威胁过宋朝的北方诸王国，还是宋朝自身，最终都被蒙古人所征服。历史学家通常认为，成吉思汗所率领的蒙古人是神秘的、原始的、可怕的，他们从中国北部沙漠中突袭，踏平中国、波斯、俄国，甚至远至巴尔干半岛和波兰。而成吉思汗则被描述为奇才，或者被描述为通过战斗而载入史册、只会打仗的武夫。其他试图解释这一历史现象的努力，看似科学合理，但实际上就像童话故事一样牵强。比如，由于气候变化导致蒙古人的牧场干旱，他们被迫迁徙和征服。事实上，可以理性地分析游牧民族的政治和战争，他们和任何其他社会一样。蒙古人的征服和成吉思汗的霸业并非突然出现在这个世界，他们也经历较长的世代发展。13世纪蒙古人的历史根源在中国长城沿线未开化和半开化王国的历史之中。

成吉思汗并非由戈壁沙漠一跃载入史册，其家族数代以来均是外蒙古东部富饶牧场上的小王公或部落首领，是中国北方金朝女真人的附庸——既是盟友，又是属下。随着金朝的衰落，其代理人再也无法维持对长城以外遥远部落发号施

101

令的权威。在一次部落战争中，成吉思汗的家族被打败。成吉思汗失去了父亲，他不得不自谋出路。他最初臣属一位与他父亲的敌人为敌的首领。此后，成吉思汗逐渐在战场上赢得善战的名望，同时也赢得在战场上照顾战友的声誉。每当他背离了其所归附的首领或盟友时，总是能给自己找到一个"合理"的借口，从而显得他忠于其追随者的利益，而并非背叛与他有矛盾的首领们。当他 50 岁时，已在部落战争中像滚雪球一样聚集所有部落力量，并在部落之外进行征服战争。

102

相较于亚历山大大帝或其他征服者，成吉思汗的战绩更伟大，但他并未真正征服中国。他们在长城沿线主要对抗金朝和唐古特，成吉思汗在战胜唐古特的返途中去世。推翻宋朝是在他去世之后完成，当时蒙古骑士长驱直入长江流域，并越过长江流域进入缅甸。

成吉思汗去世后，蒙古人建立了庞大的帝国，范围包括波斯、中亚、俄罗斯南部和中国等地。中国的王朝称之为元朝，由其孙忽必烈汗创建，被认为是蒙古的宗主王朝，其他王朝在某种程度上是其附属。

蒙古人大规模地征服，并建立交通设施，这为中国和西亚、欧洲之间的贸易和文化交流提供了可能。尽管如此，欧洲人还是将蒙古人视为最残暴的野蛮人，虽然那时元朝的绘画水平受到极大赞赏，但中国人认为元朝并未达到较高的文化水平。

蒙古人本身没有城市文化，但却是文化的重要载体。他们将印刷术和火药知识传到欧洲，并将中亚、波斯的官员、数学家和工程师带回中国。这些为蒙古效力的外国人带来了高粱和棉花等作物；① 在波斯工程师和中国火药的帮助下，蒙古人掌握了大规模的攻城术。

蒙古人尚武而不崇文，喜欢通俗易懂的作品。他们对戏剧有着浓厚的兴趣，中国戏剧的音乐和曲牌起源于元代。蒙古人还喜欢传奇和惊险的历史小说，因为它们相较于刻板的经典作品更容易阅读。

103

由于《马可·波罗游记》的影响，西方人一直对蒙古或元朝的历史有着特殊的兴趣，更多的人听过马可·波罗的故事，但并未读过他的游记，种种传闻留下了关于他和他那个时代的浪漫但有些模糊的印象。实际上，参考其他旅行者的记述，马可·波罗等人向我们展示了一个几乎难以置信的庞大帝国，但被糟糕地拼凑在一起。蒙古的统治者试图力保自身独立，以免陷入中国的官僚主义制度，他们从中国收取贡赋，但不想"汉化"。然而，当时并没有机器工业，驿传是最快捷的通讯方式，在这种情况下，蒙古帝国的各个汗国很难摆脱各行其是的状态。

蒙古人不愿意"汉化"，但不可能保持纯粹的游牧状态，因为统治中国，需要管理利润丰厚但又烦琐复杂的灌溉工程

---

① 关于高粱、棉花传入中国的时间、路径、品种说法不一。一般认为，高粱的传入有史前、两汉魏晋、宋元三种说法，参见赵利杰《试论高粱传入中国的时间、路径及初步推广》，载《中国农史》2019年第1期；棉花在公元前2世纪或更早时已经传入，但是在宋以前并未在中原地区广泛传播，参见赵冈、陈钟毅《中国棉纺织史》，中国农业出版社，1997年。

和防洪机制，以及细致的土地税收和地租征收制度，这对经济和社会影响很大。马可·波罗以其所处时代的欧洲标准来评判的这个世界上最强大、最稳定、统治最有效的帝国，在他旅行后不到100年的时间里，就陷入分崩离析的混乱局面，这不足为奇。

104 　元朝的灭亡不同于中国其他任何王朝。首先，身处故乡的蒙古人开始对大都的朝廷失去耐心，蒙古人认为，皇帝是遥远的、衰弱的非蒙古族人，他们也不愿服从。其次，汉人开始起义。长江流域的农民起义减少了国家的财政收入，削弱了国家政权。

明朝：民族主义

14世纪中叶，有一位领袖从战争中崛起，他建立了明朝。作为一个云游四海的佛教僧人，他与民众联系紧密；因为他曾反叛过蒙古人，所以也是民族主义的领袖。实际上，明朝的民族主义色彩，至今仍保留在中国人的记忆之中，从而使其有别于其他任何朝代。

纵观中国历史，中国人的民族情绪或许比其他任何杰出民族都要淡薄。他们似乎认为，与游牧民族数百年的战争，是与外来的、不受欢迎的生活方式和行为方式作斗争，而不是与"外国人"作斗争。那些征服中原的游牧民族如若不适应中原文化，最终将会失败。即使是文化财富，也只有通过复杂的官僚机构才能加以吸收利用。仅计划掠夺的征服者会发现，财富来源会迅速枯竭。其他征服者试图通过常规剥削以确保收入的稳定，他们会发现，只有通过协调自己与官僚之间的利益才能做到。当他们如此做时，会发现自己已经"汉化"。与此同时，上层阶级、受过教育的人、拥有土地的汉人，会接连转向服务新的王朝。

105

蒙古人从未完全甘心接受这个过程。他们甚至试图从中亚和波斯的文化民族中引入"文官"（civil servants），以取代汉人官僚。正因如此，当元朝灭亡时，它不仅是一个腐败无能的政权，而且对大多数汉人而言，还是一个外族人的政权。

在新的民族领袖带领下，汉人军队北上，蒙古皇帝及其朝廷撤回蒙古故地。他们未能在那里建立新的王朝，而是陷于部落战争的混乱之中，正如过去数百年里，不止一个王朝从北方撤退后，在南方被推翻、被取代。然而，许多蒙古贵族并未完全撤出中国，而是远退至边疆地区。他们与汉人达成协议，以封建领主的身份向新王朝表示臣服和效忠。他们正像过去数百年里许多强大的汉人一样，向征服者表示屈从，并为新王朝服务。

明朝在文化和政治上均有民族主义的色彩。此时，汉人的主要成就是修复而不是创新。在蒙古人相对粗野的统治下，经学、绘画、印刷、漆器和瓷器工艺等均有一定程度的退化。明朝汉人将其恢复至更高水准，但整个时期，发明或创新水平并不高。

明朝的民族主义光环在某种程度上掩盖了元朝灭亡后权

力的实际分配状况。数十年来,汉人军队在遥远的北方作战,在蒙古人地盘上将其击败。然后,历史上的传统模式再次出现。汉人如果在游牧民族居住的草原上不"游牧化",就无法维持统治者的地位,这更甚于游牧民族不"汉化"就无法在中原建立统治。由于大多数汉人都不愿居住在游牧地区,也不愿适应游牧生活,因此,整个地区逐渐回归到游牧部落首领的统治之下。

清朝

在长城以外,明朝汉人在东北诸省建立了最牢固的根据地。这一地区南部农田肥沃,一直是汉人聚居区。明朝在良田以西与部分蒙古部落打交道;在北部和东北部与被称为通古斯的诸多部落有所交往。为了统治这些民族,明朝兼用讨伐、册封、赏赐和授予互市特权等措施。

通古斯部落是东北森林、河谷中部落武士的后裔。12世纪,他们曾是建立金朝的女真人的追随者。有些部落小头人宣称或事实上就是女真后裔。16世纪晚期,其中一支建立了下一个统治中国的王朝。

建立者名为努尔哈赤。其家族向汉人纳贡,接受来自中原边臣的赏赐,并与其他边远地区的贵族家族为世仇而相互争斗。随着明朝的衰败,边疆官吏发现很难在争战的部落间维持秩序。部族纷争往往失去控制,升级为部落战争;部落战争失控,明朝的地方当局也被卷入其中,因为他们有所偏祖，因此不再有能力以公正的仲裁者身份进行干预。

这种混乱局面为努尔哈赤开辟了创建伟业之路。他声称有一个亲属被汉人陷害，因此转而反对汉人。努尔哈赤采取两种政治手段以引起共鸣：一是利用经验，批评明朝在该地区的失控，指责官吏无能；二是利用其部落背景，带领部落民众回忆数百年前的辉煌，那时，其祖先征服中原广大地区，掌控中央政权。

经过数十年的动荡，努尔哈赤成为强大的边疆政权统治者。其军队长驱直入华北地区。如今他将部落成员称为满族，他们只是军队的一部分，努尔哈赤还征募了蒙古族人、高丽人以及诸多汉族人。那时，满族还未有文字；但由于其语言与蒙古语颇为接近，由此借用蒙古文的字母，并对其进行改编，从而使用满文进行书写。努尔哈赤希望满文既是一种符号，又能作为行政工具；但即使在他有生之年，这一尝试也显然未曾成功。在这一满族人所主导的混合王国中，政府系统、税收制度和行政管理的主要方面从一开始都汉化了。因为国家最重要的收入，甚至很大部分的军事力量都源自汉人聚居区。

108

努尔哈赤本人并未活到征服中原，但是他组建了征服中原的军队。然而，"入侵者"的征服只有一部分。那时，明朝政权正在分崩离析。农民起义不时爆发，地方统治者们窥伺中央政权，俯拾皆是。满族人在这场混乱中，拥有由满人、蒙古人、汉人以及诸多高丽人组成的混合军团或"旗"，他们在战场上拥有最强大的军事力量，而且配备最好的文官，因而，在当时的权力争夺者中，满族人最有资格恢复明朝的标准政体和法制。

以往从未有过像满族人那样的统治者，在征服中原之前便深受汉族文化的影响。满族皇帝有意将自己视为中原正统的守护者。同时，作为征服者的他们，乐于变通地接受汉文化。满族人甚至比汉族人更容易通过"竞争性"考试或获得官职。因此，满族人的品味更加不拘一格，这并不奇怪。正如之前的蒙古人，他们更喜欢甜蜜浪漫的小说，而非枯燥的历史研究。中国最著名的一部小说《红楼梦》主要描述复杂的社会，它便出自满族人之手。[①] 汉族人所写的小说中，最重要的是将虚构的故事和隐晦的政治信念相结合：在辛辣丑闻的幌子之下，讽刺清廷统治下整个行政系统的腐败。

不管满族人的政策如何，汉族人的民族主义从未消亡。这无疑与清朝在比较文献学和科学编纂历史文献方面所达到的高度有关。因为不能冒险公开议论时政，学者们的批判精神转向历史考据方面。清朝学者建立了朴学的标准，这在很大程度上奠定了现代中国社会科学的批判和理论基础。

如果要全面讲述清朝的历史，还可以再写一章；但是在清朝时期，中国历史已经以一种全新的方式与外部世界相融合。

---

① 关于曹雪芹的身份，有满族人和汉族人两种说法。

第三章

中国和西方

由于历次伟大航行开辟了穿越大西洋、绕过好望角和合恩角的航道，因此，在明朝灭亡之前，西方商人和传教士开始由海上到达中国海岸。在满族人最终突破长城之前，欧洲人利用其制造的大炮战胜了他们。这次胜利或许被视为一个标志。虽然枪炮很快在中国广为人知，甚至中国也制造粗陋的毛瑟枪，但清朝政治家或许在很大程度上被描述为这样的形象：尽管全世界都在发生变化，但他们仍试图依靠弓箭维持其贵族政治。

至18世纪，欧洲人在中国的活动已从断断续续地接触，变成日渐加强地着力施压。

这种从接触到施压的转变，首先是由于欧洲人自身的巨大变化。早期的葡萄牙人、西班牙人和荷兰人虽然武力强大、掠夺成性，但作为商人，他们主要寻找欧洲市场所需的稀有奢侈和具有价值的商品。他们最想要的是在中国市场自由购买的机会。与此相似的是，天主教传教士们随着西班牙

110

111

人和葡萄牙人来到中国，他们也希望有机会让中国人皈依其信仰，并在亚洲宗教中赢得一席之地。天主教会是欧洲社会中最不愿变革的部分，但是传教士们渴望大批信众皈依，甘愿去适应中国整体保守的社会和经济。

　　18 世纪末，英国人成为中国沿海最活跃、人数最多的外国人，相较于早期的外国人，他们是一股革命的力量。从一个历史时期到另一个历史时期，这种转变的标志是，第一位来到中国的英国传教士不仅是名新教信徒，而且并不依从英国国教。换言之，19 世纪初，他不接受英国国教的管辖，这是相当严重的问题。因为英国东印度公司竭力阻止他来华，马礼逊（Robert Morrison）不得不经由美国前往中国。从新教在华传教开始，他们的态度与天主教信徒便截然不同。他们不但不盲目地寻求皈依者，也不接受中国文化和社会制度，认为中国人是"愚昧的异教徒"，是低等民族，中国人所有的事情都是"错误"的——贫穷、无知、疾病、女性缠足、包办婚姻，所有这些都归罪于中国人不信奉新教的上帝。因此，皈依的中国人不仅要接受新的宗教，而且还要在实际生活中抑制中国人的生活方式、思维方式和行为方式。事实上，新教传教运动在中国，与其说是使人改宗，不如说是一种颠覆力量。这种趋势持续将近一百年，直到中国人发起一场革命，开始主张中国人与其他人一样杰出，有权组织和管理自己的新教基督教会，这让人很惊讶。

112

作为市场的中国

　　在英国工业革命的压力下，贸易和传教士的挑剔给中国文化带来双重打击，英国商人竞相为其商品争夺中国市场。

　　18 世纪，英国对华贸易活动主要通过东印度公司，并将该公司的垄断从印度延伸到中国。在 17 世纪至 18 世纪，"重商主义"理论在贸易活动中占主导地位。商人成立公司，向本国政府申请，特许他们在某些地区的贸易垄断。这种策略使得个人能够利用其政府力量与其他国家的团体相竞争，同时防止同一国家的组织在同一地区竞争。在这种保护下，他们垄断商品贸易，控制价格，确保巨额利润。

113

　　以英国人为例，他们从印度带回的巨额财富曾为其提供大量资本，使英国在工业革命中处于领先地位。而这些资本在英国又创造了新的私人利益群体，这些群体最终与东印度公司的垄断贸易特权发生冲突，并将其推翻。英国国内的这种变化反映在他们的在华贸易活动之中，并导致英国与中国形成一种新的关系。

　　18 世纪，东印度公司的船只来到中国，主要是为了购买丝绸、茶叶和瓷器。欧洲最早使用的花墙纸也来自中国。作为交换，中国人购买诸如钟表之类的奢侈品；但总体而言，中国人认为自身的文化比西方人更优越，几乎不需要从西方人那里购买等量于他们卖给西方人的那么多东西。

　　为了弥补贸易差额，西方商人不得不带来大量白银。他们自然急切寻找能够在中国大量销售的商品。例如，美国的快船从新英格兰装载大量人参，这些人参被中国人视为灵丹妙药。此外，他们在船上其他货仓装满朗姆酒、电水壶、斧头和其他贸易货物，然后绕过合恩角，沿着美国太平洋海岸，一直航行到哥伦比亚河，在那里与印第安人交易贵重的皮货。接着，他们带着皮货和人参，横穿太平洋来到中国，还带着从墨西哥获得的银元。他们用这些货物和银元换取中国商品；这种贸易顺便解释了银元在中国后来被称为"墨西哥鹰洋"的事实。

114

相较于售出的东西，外国商人需要购买的东西更多，而且以白银支付为主，直到英国商人开辟鸦片的市场。鸦片这种商品迅速逆转了双方的贸易差额。中国人开始消耗大量鸦片，很快，外国船只不再运送白银至中国，而是满载中国的白银而归。

与此同时也发生了其他变化。一方面，鸦片价格如此之高，以至于鸦片贸易不可能成功地被垄断。英国商人用大量钱财贿赂官员，愈来愈多的商人私下安排，并挤进鸦片行业。更重要的是，尽管新的压力起初不那么明显，但已开始在遥远的英国出现。这一时期，英国日益增长的工厂强大到足以影响其政府。他们强迫所有从英国启航的船只装载定额的纺织品，然而因为这些商品在中国的市场还不发达，以致不得不亏本出售。

所有这些变化产生三个后果。首先，中国政府对白银的流失感到恐慌，试图严格限制商品贸易。其次，英国旧的垄

断集团为了维持已建立的市场，敦促英国政府迫使中国继续
进口鸦片，不管中国是否愿意。再次，英国新的利益集团急
切地为其制成品，尤其是纺织品寻找新的市场，敦促英国政
府迫使中国接受自由通商的政策。

英国新的利益集团代表了不断提高的工业制造能力，其
商品不仅数量巨大，而且品类繁多，他们既反对英国旧的垄
断规章，也反对任何其他的贸易限制，他们以这种方式明确
其需求，并得到其他国家同类型利益集团的支持。因此，英
国推动自由贸易的新利益集团成为新的国际发展的先锋。

外国支配

当一位爱国的中国官员查封并焚烧大量英国鸦片时，英
国私人企业和政府政策之间错综复杂的关系出现了危机。这
次事件发展成为鸦片战争，英国政府在战争中支持其商人的
利益。鸦片战争以 1842 年签订《南京条约》而告终。该条
约条款以及随之而来的其他谈判，彻底改变了中国的国际地
位，并产生五个主要后果。

第一，中国不仅被迫赔偿直接引发战争的被焚毁鸦片，
而且还被迫赔偿英国的军费开支。这种赔款制度确立了一种
新的原则，从那时起，每当中国战败，不仅要承担战败的其
他后果，还要赔偿战胜国的军费开支。

第二，鸦片战争的赔款以及后来补充的其他赔偿，使得
中国政府国际债务缠身，现行税制无法支付每年赔偿。为筹

115

116

集必要的资金，中国针对国际贸易创建海关总税务署。海关总税务署从一开始就由外国列强控制，主要是由英国控制，并且按货物价值的百分之五统一利率收税。这种低关税为外国制成品进入中国市场开辟了道路，同时也阻止了中国人在维护国家利益的关税保护下发展自身产业。

第三，以往外国人只能在广州这一港口进行贸易，现在取得在许多其他港口贸易的权利。后来，这些港口被称为"通商口岸"，因为它们是依据列强强迫中国签订的条约而开放的。其中一两个口岸还有公共租界，所有外国人都住在租界，并在当地实行自治。各国在大多数的通商口岸均有各自的租界区。在租界，外国领事们对其国民拥有领事裁判权，而中国人对外国人提起民事诉讼，必须根据外国法律进行审判。这种不平等条约不仅给予外国人政治权力、社会威望，还有巨大的经济利益。

第四，西方国家在武器制造方面具有压倒性的技术优势，从而保证其在政治和经济上的支配地位。在工业革命之前，大炮几乎全部由皇家或国家军火库制造，小型武器则由私人工匠制造，他们为国家服务或独立运作。这在中国和西方国家向来如此。但欧洲和美国的工业革命开发了丰富的金属资源。伊莱·惠特尼（Eli Whitney）[①] 第一次大规模生产的就是滑膛枪。中国受制于手工技术，在开矿和铸造金属方面均较落后。当中国想要购买武器、弹药甚至舰队时，

117

---

① 伊莱·惠特尼（1765—1825），美国发明家、工程师，将标准化生产应用于军火领域。

外国列强自然会小心翼翼，不会让中国在军备上与其平起平坐。

第五，英国在 1843 年签署的另一项条约中确立了"最惠国待遇"。由此，中国人需要服从另一个新原则：即一旦任何外国获得任何特权，其他国家都一律共享。根据 1844 年签订的条约，美国人最先享受这一条款。因此，中国并未成为某一国的殖民地，而在事实上成为列强势力范围，即一切拥有商船和炮艇国家的共同势力范围。由于英国人首先取得胜利，由此形成一种新的国际体系，英国控制这个世界上人口最多的国家。中国幅员辽阔、拥有大量未开发的资源，却不能创造属于自己的利益。这种不平等条约限制了中国的主权，赋予条约国在中国的特权——"条约权"。

在此，有必要提及美国在这些新发展中获取的特殊利益。美国本身是一个新兴国家，拥有广阔未开发的土地。同时，美国也处于世界工业革命的最前沿。美国不受欧洲既定社会结构和既得利益的束缚，创造出一种社会和经济制度，最完美地表现了工业革命创造的新时代。虽然美国忙于内部发展，但敏锐地意识到世界贸易的新原则。尽管美国在保护性关税背后建立自己的工业体系，但其出于在世界各地的利益，既反对各国的垄断，又反对国内诸多集团的垄断。因此，虽然美国不准备在通商口岸中设立租界，但美国商人却生活在别国租界内，要求获得租界内的一切利益与特权。

118

鸦片战争后，中国国内发展与对外关系联系紧密，超越其他任何国家。外国的控制迫使中国进行一系列变革，同时又阻止中国发生其他变革，由此造成经济的极大扭曲。中国拥有大量廉价原材料，但外国不仅在财政和技术上拥有控制权，在政治安全上也拥有控制权。因此中国的工业无法在原材料产地和潜在国内市场得到合理发展；相反，只能在上海、天津等沿海港口和汉口等内河港口一边倒地发展起来。外国租界内可以建立工厂，中国对此免收税，必要时外国炮舰还能进行保护。原材料通过廉价的内河航运、廉价的人力资源运送至港口。廉价劳动力是加工原材料获利的最主要原因。中国最早的工业自然是模仿外国企业，并靠近外资控制中心而发展，因此，在外国轮船可以到达的地方，工业非功用性地集中增加了。

中国的政治也遭受极大的扭曲。鸦片战争时期，清王朝已明显衰败。战争严重损害了清王朝的威望，如若外国人不介入，清王朝或许会在未来一二十年内灭亡。外国人在战胜清王朝之后，为了通过清朝政府满足自身利益，他们愿意维持清王朝的运转。因此，19世纪下半叶是一段极端混乱的时期，外国力量断断续续地介入有助于制止这种混乱。这时，外国统治中国只有一个手段：扶持。而在现实中，"强者"对外总是很软弱，弱到接受外国的命令和控制，但对内又强大到足以控制全国。

从鸦片战争到1911年辛亥革命，中国国内最重要的事件是太平天国起义（1848—1865）[1]和义和团运动（1900）。
更复杂的是，1860—1861年英法联军侵略中国，法国掠夺
与吞并现称为法属印度支那的部分地区；1894—1895年
中日甲午战争爆发；在各国联军干涉下终止的义和团运动；
1904—1905年日俄战争爆发，而这场战争发生在中国的领
土之上。

太平天国运动持续15年以上。[2]运动蔓延至长江以南
及其沿岸的十一省，据说导致约两千万人丧生。太平天国运
动是一场反抗清朝统治的农民起义。由于起义领袖早年受到
基督教教义的影响，因而有些在华的外国人曾一度强烈支持
这场运动，但最终外国利益集团决定支持清政府。因此，一
位赫赫有名的英国军官"中国通"戈登为清王朝助力，最终
这次起义被武力镇压。

太平天国运动留下了社会革命和政治革命的悠久传统，
应该被视为如今独立的中国长期斗争中的首次革命战争。不
幸的是，太平天国运动也在中国政治中产生了新的破坏性因
素——半现代化的军队。这些军队及军阀足以在国内实施暴
政，但还不足以抵御外国侵略。这种因素的第一个后果是消
耗财政收入，第二个后果则是，对野心勃勃的官员而言，指
挥军队比在朝廷中位居高位更为重要。

19世纪，中国与外国签订了更多的条约，外国人的
控制程度全面加强，并进一步明确。1894年，中国与日

120

121

---

① 太平天国运动起止时间应为1851—1864年。
② 应为14年。

本的灾难性战争爆发。其后果甚至比被英法联军击败更糟糕。对西方列强而言，日本的胜利意味着它在围猎中国的掠夺圈中占有一席之地，更何况，日本比其他任何国家距离中国都更近。这种新形势加剧了（外国）对中国战略基地和经济势力范围的竞争，以致中国面临着被瓜分的危险。

"门户开放"

危机最终被"门户开放"政策所推迟。1899 年，在试图将中国分割为各国独立殖民地的系列照会中，美国国务卿海·约翰（John Hay）提出了"门户开放"政策。就其本质而言，"门户开放"是美国一贯政策的延伸，这种政策可称之为"搭便车"式帝国主义，比激进的帝国主义更占优势。换言之，美国并未带头夺取中国领土，也未对中国人施加法律限制，而是要求任何勒索中国的国家都不能独霸，应该与其他国家共享。

"门户开放"政策的许多照会，并未提议停止对中国的帝国主义要求，他们只是表达"我也要"。换言之，无论任何国家从中国获取什么，都必须为美国的贸易和企业开放门户。这个政策的实际效果中止了将中国分割成各块殖民地的进程。取而代之的是向中国政府提出共同要求的一致行动。这呈现了美国长期遏制日本帝国主义侵略中国政策的优缺点。美国确实有效地遏制了日本；但这种克制从未明确地用反帝国主义的话语来表述，因为美国试图阻止的只是日本获得独占权、特权和领土控制权。

"门户开放"政策远非美国的一项孤立声明，而是一种控制竞争的妥协方案。事实上，草案最初并非出自美国国务院，而是由英国人贺壁理（Alfred E. Hippisley）提出。贺壁理曾供职于中国海关，名义上受雇于中国政府。实际上，贺壁理是国际共管中国最重要收入的执行官。

到了 19 世纪最后十年，由于沙皇俄国是唯一同中国陆路相通的大国，因此，国际社会对中国的竞争变得愈加复杂，以致他们试图调整从陆地和海洋入侵中国的竞争格局。1895 年，日本战胜中国后，俄、德、法三国介入，限制日本对中国的领土扩张要求；随后，义和团运动爆发，国际联军入侵中国，镇压了义和团运动。

义和团运动

义和团运动的爆发，是数十年来外国势力既摧毁又扶持清王朝的结果。历次战败摧毁了清政府的威望，战争赔偿使得越来越多的中国财政收入为外国人所掌控。然而，外国人并未蓄谋瓜分中国，他们总是将部分权力还给清政府，这种权力仅够勉强维持糟糕的统治，却不能有效地统治中国。

123

中国人感到愤怒，或愤慨得不知所措，这都不足为奇。秘密组织大量存在，因为民众尤其是农民，考虑到安全问题，他们只能秘密地组织。秘密组织为公开起义做准备，这是中国农民直接又传统的政治行动。这类组织自然反对朝廷，义和团就是其中之一，但在此时，他们不仅反对朝廷，也反对西方人，因为在他们看来西方人像满族人一样，都是入侵者，而且同样高傲自大，甚至更有权势。

1900 年，农民的武装活动开始频繁，参加人数增多时，清廷企图孤注一掷：转而支持义和团以反对外国人，并将中国的一切苦难都归咎于"洋鬼子"。长江流域和南方的督抚们深知外国人的真正实力，他们阻止义和团运动的蔓延。但北方传教士被杀害，北京所有的外国人都被包围在半设防的使馆区。最终，他们被八国联军解围。由此，中国再次面临巨额赔款，只有让外国人控制中国更多的税收，才能偿还赔款。这一负担在几年后有所缓解，因为大多数的外国列强将中国亏欠的庚子赔款（这笔基金主要用于教育和文化事业）退还了。

124—126

尽管签订了和解条款，但俄国仍然在中国东北保留大量驻军。1904 年，当日俄战争爆发时，许多人重视的是日本在中国领土发动战争这一事实，而不是日本在中国领土挑战俄国的权力。只有当日本获胜后开始取代俄国，最有可能获取在中国的优势地位时，舆论才转向另一方。

历史比较图表

西方世界	朝　代	中国世界	
公元前 1800　汉谟拉比 **青铜时代**	**夏**	**新石器时代** 黄河流域农业区 使用石器培育黄土，圈养狗和猪， 长江流域的狩猎和捕鱼部落	**公元前** 1800
1700			1700
1600			1600
1500　**埃及新王国** 摩西	**商**	**青铜时代** 原始的黄河城邦， 或许存在灌溉，商代甲骨文提供	1500
1400		了历史的基本脉络，圈养绵羊和	1400
1300		山羊，写作，精美的青铜铸件，	1300
1200　特洛伊战争		陶工旋盘，石雕，丝绸文化与纺	1200
1100　**铁器时代**		织，轮车	1100
1000　所罗门		**古老的封建制度** 从黄河流域	1000
900		向长江流域扩张，"城市与国家"	900
800　迦太基建立		细胞，灌溉增加，太监。马拉战 车的战争，最早被证实的日期在	800
700　希伯来先知 　　希腊诗歌		公元前 841 年 玻璃	700
600	**周**	**铁器时代** 圆形钱币、已知磁性	600
500　波斯战争 　　苏格拉底		古典时期，孔子、老子	500
400　柏拉图			400
亚里士多德 　　亚历山大 300		孟子 青铜镜	300
布匿战争		**帝国的开始** 长城	
200　迦太基和科林斯被 　　摧毁	**秦**	宫殿建筑、通过中亚与罗马帝国 进行贸易、墨汁	200
100　尤利乌斯·恺撒			100
公元　耶稣诞生	**汉**	首次受佛教影响	**公元**
100　耶路撒冷被毁 　　马可·奥勒留		纸	100
200	**三国**	茶	200
	晋	政治分裂，但文化却进步、传播	
300　君士坦丁 　　罗马帝国分裂		佛教繁荣、煤的使用	300
400　奥多亚塞夺取罗马	**南北朝**	与中南半岛和暹罗进行贸易	400
500　查士丁尼			500

续表

西方世界		朝　代		中国世界	
600		**隋**		大规模的统一、京杭大运河	600
700	穆罕默德的"徙志"	**唐**		**文化鼎盛时期** 中国文化传入日本，突厥与通古斯联盟。儒家思想的复兴削弱了佛教寺院的权力，伊斯兰教，来自印度的棉花，瓷器，首次印刷书籍，组织科举考试，契丹崛起，缠足，诗歌、绘画、雕塑	700
800	穆斯林受阻于图尔查理曼大帝 阿尔弗雷德大帝				800
900		**五代**			900
1000	神圣罗马帝国 **十字军东征**	**辽**	**宋**	王安石	1000
1100				古典复兴，纸币	1100
1200	大宪章	**金**		女真的崛起，指南针 导航和数学	1200
1300	**文艺复兴**	**元**		**蒙古时代** 成吉思汗 马可·波罗 方济各会修士、戏剧、小说、喇嘛教	1300
1400	欧洲印刷术 奥斯曼土耳其人夺取君士坦丁堡	**明**		永乐（帝）建造北京 恢复停滞的时期	1400
1500	**大发现的时代**			葡萄牙商人的到来 朝鲜半岛与日本发生冲突	1500
1600	宗教战争			努尔哈赤	1600
1700	美国革命	**清**		批判学问	1700
1800	法国革命 工业革命			广州对西方贸易开放 与西方列强签订条约，传播西方文化，太平天国起义	1800
1900				义和团运动，辛亥革命	1900
	第一次世界大战 俄国革命 第二次世界大战	**中华 民国**		民族主义革命，国民政府的统一，日本入侵和第二次世界大战	

* 本表系原书表格的对应翻译，仅用于对比中外历史事件的相对时间。——编者注

第三编

近代中国

第一章

中国革命

义和团运动之后，清王朝已是穷途末路。唯一的问题是，在被外国列强瓜分之前，中国能否发起一场建立新政府的运动。

孙中山是推翻清政府、建立中华民国的政治天才，他在海内外华人中建立广泛的反清反帝秘密组织网络。孙中山利用这些组织建立了政治纪律严明的革命党，树立中国革命的目标以及实现目标的成体系的理论。

第一次革命

在孙中山的地位得到公认之前许多年，革命就已开始。辛亥革命爆发于 1911 年，当时孙中山尚在国外。革命的破坏性工作很快完成。清王朝之所以灭亡，是因为它已经腐朽得不堪一击。但是，由于革命者缺乏足够的训练和能力，以致革命的建设性工作落后了许多年。

130

　　西方世界对 1911 年的辛亥革命并不热心，但也并未下决心去压制它，因为列强们已在摩拳擦掌，酝酿一场野蛮的世界大战，这关乎殖民地、市场和投资的抢夺，这场大战后来于 1914 年爆发。因此，列强的相应政策是扶持一个"强者"，以篡夺新共和国的统治权，使他成为外国条约权利、特权、市场、借款和投资的代理人。为了表示信任，列强给予其一笔国际借款。而袁世凯就是这位"强者"，他是第一位近代军阀，曾试图自立为皇帝。

　　从那时起，直到 1926—1927 年第二次革命，军阀——拥有私人军队的政客——在中国成为主导性因素。典型军阀的一贯目标是尽其可能地控制沿海港口，以便通过港口从国外运进军火。如果军阀控制的是内陆地区，他通常会设法建立军火库，以便实现军火自给。他们在军队占领区内征税，以资助其私人军队。

　　军阀之间及其与中央政府之间都会进行政治交易、明争暗斗，有时甚至会发生战争。他们时而支持中央政府，时而支持其他军阀以威胁中央政府。各国政府均直接或间接地与中国军阀打交道。但大多数外国人都只是在寻找最强者——一个国际公认的中国独裁者，他有权将中国的矿产和其他自然资源抵押给外国人以偿还借款。

　　另一方面，日本奉行精心策划的政策，即支持多位军阀，因为日本不希望中国有统一的独裁者，也不希望中国有其他任何形式的统一。日本的做法是与地方军阀谈判划界，然后迫使中央政府对此予以承认。日本为保险起见，每当与某些当权者交往时，也会同与后者争夺权力的主要对手交往。

多年来，张作霖是同日本往来的军阀中最独立、最强大的，他控制着中国东北，日本在那里享有诸多特权。张作霖是一位"正直"的军阀。他会为反对其他军阀争取资源而进行政治交易，但他不愿完全出卖祖国。因此，日本人最终必须除掉他。张作霖所乘坐的火车在日本哨兵巡逻的铁路上被炸毁。日本人曾经一度禁止中国人接近这段铁轨。

重要的是，中国军阀部分统治时期与1914—1918年世界大战时期相重合。此外，虽然这场战争以1918年停战和1919年《凡尔赛条约》的签订为标志在欧洲结束，但直到日本最终放弃占领西伯利亚，才在东亚真正结束。1922年，在华盛顿会议上，当起草平衡东亚和太平洋地区海军和政治力量的新条约时，国际社会向日本施加压力，迫使其退出了西伯利亚。

在华盛顿会议之前，中国几乎时刻受到日本的威胁。日本将东北作为反对中国和俄国的基地。1915年，当其他大国在欧洲陷入战争，美国也将注意力转移到大西洋彼岸时，日本曾做出一个特别大胆的尝试，企图永久控制中国。日本提出"二十一条"要求，旨在获取控制中国的某些权利，并获取在军事、政治和金融方面的某些否决权。若不是美国揭露了日本原计划保密的这些条款，中国或许不得不对其做出让步，甚至接受日本的所有要求。

尽管孙中山被西方人视为一个不切实际的梦想家，但

132

他在这些艰难岁月里仍然坚持工作。孙中山拥有很强的凝聚力，他能将持有不同观点、不同理论以及不同兴趣的人聚在一起，并说服大家朝一个方向共同努力。孙中山的追随者时有变化。当革命情形稍微好转时，那些小心谨慎或易于满足的人感觉已经获胜，他们就会选择退出，至少目前是如此。另一方面，当革命情形明显恶化时，胆小之人就会被吓跑。纵观历次革命运动，一些军阀只是暂时性地与孙中山合作，一旦他们掌握了孙中山领导的少数军队，便会抛弃甚至驱赶他。而当外国利益集团开始警惕孙中山的"倒阁"运动时，他们便开始威胁或贿赂他的政治追随者。

133

然而，孙中山始终坚持革命工作。他在流亡期间向海外华人宣传中国政局情况与政治意见。每当他回中国时，则会带回海外华人的政治捐款和政治意见。孙中山充当了海内外华人华侨的桥梁，因为他出生于中国沿海地区，那里有许多中国人移民海外。他在童年时曾前往夏威夷，并在美国的学校学习过一段时间。后来，孙中山又在英国在华的据点香港攻读医学学位。

海外华人在中国革命中发挥了重要作用，他们不仅汇款支援中国的政治行动，而且还传播革命思想，促使中国的政治思想变得更加成熟。他们是移居美国大陆、夏威夷以及英国、法国和荷兰在东南亚的殖民地的华侨后裔。大多数移民都是非常贫穷的农民，他们被雇成为温顺、廉价、没有政治保障的劳工。他们在美国修建铁路，在马来亚开采锡矿，在许多殖民地种植橡胶和其他农产品。因为他们是宗族意识强烈的中国人，所以互相支援；因为他们是节俭的中国人，所以先存钱后投资；因为他们是相信教育就是力量的中国人，所以将子女送入学校。

结果，大多数海外华人变得富足而进步。然而，尽管海外华人是所有其他殖民地中最受欢迎的"土著"，但他们却在美国受到了种族歧视，美国人提出"土著"不配自治的基本假设。这种歧视唤醒了海外华人的民族主义，他们的思想进一步传到中国。如果海外华人希望继续留居国外，只有强大自由的中国才能帮助他们提高地位。如果他们想回中国，但又不愿生活在无能君主的统治之下，不愿意生活在稳固不变的社会制度下，现有的经济结构也不能满足他们使用在国外获得的金钱和技术。

因此，海外华人积极支持国内革命，即使是殷实富有的华人，其革命思想也异常激进。因为殖民地政府通常都是专制的，以至于殖民地民众不得不激进地考量政治。另一方面是，由于他们没有政治生活，只能进行政治思考。没有政治实践的政治理论总是倾向于激进。因为政治理论表述得越激进似乎越有逻辑性。但具体的政治实践却是这样：正是通过人类持久地妥协，政治实践钝化理论的锋芒，使得政治实践的逻辑性变得弱一些，但却更切实可行。

第二次革命

当欧洲战争动摇了世界秩序的基础之后，中国与俄国迎来了革命的重要时机。孙中山未能等到这一天，他在1925年逝世了。孙中山最后的伟大成就是在广州给成千上万的追随者发表演讲，为1926年至1927年的第二次革命做思想准备。孙中山去世后，其未完成的演讲被编纂为如今的三民主义，保存了他最重要的思想。三民主义通常被翻译为民族主义、民权主义和民生主义。其子孙科博士将其阐述为：民族民主、政治民主和经济民主。

孙中山的学说通常被认为晦涩难懂，但一些解释有助于人们更好地理解。在1918年欧战尾声时，那些战胜德国的国家谈论"拯救世界的民主"，却明确表示不终止殖民制度，这引发了整个亚洲的激烈反应。从印度到朝鲜，亚洲到处是争取独立的呼声，或者至少要求在地方政府中增加代表。此外，俄国革命的消息震撼了殖民地人民，令其兴奋不已。他们不需要理解马克思主义，就能理解一个庞大帝国被推翻的意义。俄国革命之后，亚洲发生的最重大事件是日本企图吞并东西伯利亚，并以失败告终。这是自18世纪以来，列强首次出现蓄意征服殖民地而最终落空的情况。

因此，中国的革命思想变得比1911年更为广泛。知识分子、商人和实业家曾一度成为革命运动的先锋，知识分子对政治理论感兴趣，商人和实业家由于缺乏政治代表性而无法充分发挥其经济潜力。这支先锋队的弱点在于缺少箭柄。现在这支先锋队有箭柄了，中国全民参与革命，集结成一支具有冲击力的利箭。

孙中山公开讲演，旨在将民众广泛的支持凝聚成最强大的联盟。他还必须处理一个特别棘手的问题：即如何调和追随者中那些担心英国、美国和其他条约国家军事干预的人与那些乐于接受苏联援助的人。中国共产党成立于 1921 年。其成员被允许加入国民党，同时，一些非共产党员的国民党员被派到苏联学习，蒋介石便是其中之一。此外，孙中山与苏联代表签署协议，接受了苏联军事专家和政治指导员。这些协议震惊了条约国家和诸多中国人，因为这是第一个，也是唯一一个与中国的政党或领袖签订的没有任何附加条件的政治协议。苏联只是声明支持孙中山，并将助其一臂之力，尽管他们意识到孙中山并未打算将中国变成共产主义国家。在此之前，中国从未有人在不放弃领土或资源的情况下，与外国签署过任何的政治协议。事实是孙中山签署了不带任何条件的协议，使人怀疑或许存在秘密的控制条款。

另一个事实是，与孙中山打交道的苏联共产党当时并不紧密团结。当时处于托洛茨基与斯大林的斗争时期，苏联其他各派或有势力的领袖都牵涉其中。中国成为苏联意识形态的一个战场。苏联的政治名人都认为，有必要对中国的情形以及如何处理中国问题发表自己的看法。

毫无疑问，所有这些事情在很大程度上影响了孙中山，使他采用谨慎又含蓄的方式来"谈论"社会主义、共产主义以及马克思主义理论在中国的应用。他依旧遵循惯例，强调共识而非分歧，尽可能吸引新追随者又不疏远老追随者。

直至孙中山去世后，受到国民党激励的军队，才开始由广州北上统一全中国。这就是由蒋介石指挥的著名的北伐战

137

争。有些部队是由精心挑选的军官进行训练，而这些军官曾接受过苏联教官的培训。此外，还有政治指导员随军或在军队之前先行北上。许多人接受过共产党的培训，其中也有共产党员。但他们所宣传的观点和利益主要代表国民党，而非共产党。因此，既不是以爱国主义为指导思想，也不是以民族主义为行为指南的军阀部队，最终被自身的政治分化和国民党专业训练的军队所摧毁。

尽管许多传教士，尤其是从事教育工作，以及深入民众内部同他们联系紧密的人，意识到国民党真正代表全体中国人民，但当时在中国的外国政治和商业代表普遍强烈反对国民党。长江沿岸边是外国人的利益地盘，当国民党军队进入此地时，一系列危机爆发了。有些外国人傲慢地决定维持原有的态度，即无论中国人内部如何斗争，都无权触犯外国的"法律和秩序"。有些中国人则激烈地表示，现在中国已经到了自主做事的时候，外国人最好接受这种新的原则，不然就滚出去，否则将有受伤的风险。

部分外国人被杀害，其中包括传教士；一些外国人的财产也被烧毁或被洗劫。但是，国际媒体对这类事件的大肆渲染，远远超过对昔日列强实行"炮舰政策"时猛烈攻击中国的关注，当时外国军舰对中国进行了数次报复性的炮轰，由此造成的伤亡不是数人，而是成千上万的人。

在占领汉口、南京和上海之后，北伐的快速推进便开始减慢。日本的残暴干涉推迟了国民党进军长江以北的步伐。当国民党的主力军由南京沿着铁路向天津和北京前进时，在山东的日本军队对其进行阻击，挑起了一场武装冲突。

　　国民党最高当局必须重新考虑自己的处境。他们在华北冒着与日本不宣而战的风险，在上海占领了中国人聚居区，但并未占领公共租界和法租界，这是外国投资、商业利益和政治特权在中国最大的据点，这个据点向华盛顿、伦敦和其他外国首都施加强大压力。问题在于，国民革命应该冒着外国军事干预的危险立即取得彻底的胜利，还是应该暂停以巩固已取得的胜利，再通过谈判来赢得尚未取得的胜利呢？

　　此时，国民党内部进行了重要的重组。许多曾经热心发动新革命运动的人，认为他们已取得暂时性胜利，巩固胜利成果是明智的。诸多富有的中国人，包括赞助支持革命的海外华人，现在至少已有一只脚踏在从"无"到"有"的位置上。因此，中国出现一种局面，即革命的领袖们首先从革命的成功中获益，因此他们不再鼓动更多的变革，而是安定下来解决管理和组织的问题。

139

第二章

战前变革中的中国

140 　　中国政府在 1928—1937 年间的政策有两条主线：一是
完成国内政治结构和行政管理的统一；二是使国家富强，实
现现代化。对接受过西方教育的中国人而言，这十年是最好
的机遇。他们有无数的事情可做，而且能得到强有力的政府
的支持。由此，中国有可能在工业、采矿、银行、机器工
程、教育、医药和公共卫生各方面，取得最大和最迅速的进
步。全国人民都感到中国正变得更现代化、更进步，因为他
们正目睹这一切。同时，全国都意识到这个巨大的危险：日
本将不会坐视中国继续前进。

　　日本立即开始干涉中国的统一，企图阻止国民政府控
制华北。由此引发了一场危机。如果国民政府太过坚决地向
前推进，其他条约国家可能会支持日本，这是非常危险的现
实。另一方面，国民政府已经控制上海和长江流域。如果他
141 们有意让美国尤其是英国从该地区获利，就能打破条约国家
的统一战线。

为了明确立场，新政府与共产党决裂，并与苏联疏远。这时外交政策与国内问题交织在一起。商人、银行家、工厂老板、保险公司老板和轮船公司老板，虽然这些资产阶级人数不多，但却在迅速增长。新政府在多大程度上代表这个阶级以及汇款回国的海外华人？对地主仍是"上层阶级"的内陆省份，应给予多少关注？如何在军队中维持平衡？绝大多数士兵出身农民家庭，像"独立""自治"这类概念，农民很自然地将其运用到解决自身问题上，要求分配更多的土地，并缴纳更少的地租。另一方面，军官更多出身于地主阶级，由于他们接受过良好的教育，在军事训练中升迁也更快。

因此，国民政府在与苏联决裂后，与中国共产党发生了内战，同时与英国和美国的关系得到改善，而这种改善又受到避免与日本正面冲突的策略的影响。

讨论中国共产党在抗日战争中的作用，将可以很清楚地评论整个问题。从 1928 年至 1937 年，有必要强调的是，中国所经历的事情远不限于国共的内战。国民政府必须在国内维护并扩大其统治权，首先需要赢得较友好的外国政府的承认，然后取得他们的信任。国民政府还必须抵抗日本的不断入侵，同时，不得不应对国内地方强烈的分离主义，以及消极阻挠、积极反抗的地方军阀。

142

一些独立省份的地方军阀原本不愿服从中央政府的权威，加强对这些省份的控制，部分地缓和了内战造成的国内社会紧张和破坏性。当共产党军队被迫撤退至那些独立省份时，地方军阀不得不接受中央政府的军事援助，以及财政和行政监督。

公路和铁路的迅速扩展满足了战略和经济需要。中国主要的铁路系统与海岸线并行，连接长江流域和黄河平原。这些铁路最初是在外国贷款和控制下修建的，旨在促进外国企业在通商口岸的贸易。国民政府现在开始修建直通内陆的铁路，借以增强对全国的控制，并在不增加外国控制的情况下促进贸易发展。中国有两条最重要的铁路干线：一条在华南，从广州到长江流域的武昌（汉口对面）；另一条在华北，越过津浦和平汉两条旧铁路线，到达西北地区的陕西省。如若没有这些新铁路，中国能否经受住 1937—1938 年日本的入侵还是一个未知数。

在铁路线之外和两条铁路线中间的地区，公路网的发展更为迅速。在向内陆更边缘地区深入，甚至在没有通达公路的地区，开辟了航空线。结果是在中国的偏远内地，实际上有数百万人见过飞机而从未见过汽车，还有更多的人见过汽车和卡车，但从未见过火车。这一现实产生了重要的心理、社会和经济影响。数百年来，偏远地区人们的生活几乎未有任何改变，反而最先进的技术最先到达这里。中国将有诸多地区几乎完全跳过蒸汽时代而直接进入电力时代。

同一时期，中国的重工业和轻工业以前所未有的速度发展。这曾经只可能出现在外国人所有或其管理的各类企业，中国人开始展示多才多艺和日益增强的能力。到 1937 年，就数量而言，无论是从工厂总数还是马力总数，中国工业的成就如此之小，几乎无法在世界图表上显示。然而，就质量而言，它的重要性就像酵母之于面包。中国每一台动力发动机都具有两项功用：一是高效生产，二是具有教育意义。每个工厂都是一所技术培训学校。中国的经济社会正处于急速转折时期：正如早期的美国新英格兰州，当刚迈入机器时代时，普通工匠可以在极短时间内转变成发明家和熟练工程师。

仅举一例：一位有远见的中国工程师想设计一台以桐油（柴油）为燃料的发动机。德国工程师对此拒绝援助，一方面是为了保护商业垄断权，另一方面他们认为中国技术整体上太过落后，无法完成生产柴油发动机的多种工艺流程。这位中国工程师便独自努力。化学实验未能将桐油分解成适合标准柴油的配方，但通过改变发动机本身的压缩比解决了这个难题。他们为重新设计的发动机生产出新的机床，由此创建完整的工业。

144

与外国交往时，国民政府显示出高超的外交手腕。主要难题在于外国利益集团渴望出现一个强者，代表他们掌管中国。这些外国利益集团仍然保守地认为，中国提出外国企业应尊重中国利益的任何企图都怀有恶意。他们仍然认为，普通中国人不关心政府或政治，只关心自己。他们还固执地认为，外国租界和治外法权制度是维护"法律和秩序"的重要保障。虽然中国军阀和以不爱国的方式发财致富的人，仍然在制造混乱、维持政治腐败，他们为了逃避纳税以及摆脱中国政府任何形式的控制，试图将钱财存入租界内的外国银行。

外国势力最希望蒋介石成为"强者"。蒋介石这些年的主要成就之一是增强了政府实力和国际信用，但没有增加外国人在中国政治或财政上的控制。蒋介石逐步成功地促使美国和英国等列强，不仅答应支持中国政府，而且愿意逐步放弃特权，恢复中国主权。这意味着，日本无论是在中国领土和政治倡导实行帝国主义政策，还是作为威胁美英利益的对手，都愈加孤立。如果当时认清这点，就没有必要发生第二次世界大战。研究希特勒崛起的学者们，似乎将其视为一个纯粹的欧洲现象，他们经常忽略这一事实：在1931—1932年日本的扩张暴露了国际联盟的无能之后，希特勒才于1933年掌权。不幸的是，美国、英国和其他列强都对日本的野心表示同情，以至于许多争论都变得模糊不清。在世界另一边，这些利益集团则倾向于支持希特勒和墨索里尼。因此，日本早期的侵略与德国和意大利的侵略行动一样，都未遭到民主国家的联合反对。每个民主国家都有民众对侵略的蔓延感到震惊。但也有许多人对此却一无所知或漠不关心，只有少数人由衷地表示同情。

以前，外国人一直倾向于在中国内部寻找一位"强者"以控制中国，现在竟然倾向于用一个强大的国家从外部控制中国，这个强国既充当头号帝国主义者，同时也充当所有帝国主义的代理人。那些利益集团这样说道："何必要冒险与政治前景不明确的中国直接打交道？为何不投资日本以获得有限但称心的利润，承担有限的风险？让日本冒着更大风险获取更大利益，直接控制、剥削中国好了。"

正是这种政策或者确切地说这种政策的落空，导致自诩托管中国法律和秩序的人纵容甚至资助日本破坏一切法律和秩序的行径，尽管民主国家有许多人对此质疑和抗议，但最后不仅是中国人，而且连美国人、英国人以及享有部分特权的民族，比如荷兰人都参加了这场战争。大家发现，战斗不是为了竞争和利益，仅仅是为了纯粹的生存。

第三章

战争

九一八事变

　　　　1931 年日本入侵中国东北是第一次考验。9 月 18 日，南满铁路（归日本所有，但位于中国东北）有一段日本军队派重兵把守的铁轨被炸毁。一列日本快车经过后才发现铁轨损坏，且无人受伤。然而，日本军队立即进攻奉天（今沈阳），数小时内，他们沿着主要铁路沿线推进，并占领所有重要城镇。

　　当时的外交文件无法解释日本的这次入侵。这类问题在外交中被认为是"微小的"——如此"微小"，以至于世界上最优秀的外交智囊都在起草文件时回避真正的问题，毫不提及。然而，事实相当简单：中国正在走向统一。通过谈判，东北诸省已经加入国民政府，并接受政府的管辖，没有发生内战，尽管自中华民国建立以来，东北以政治分离主义，并在内战时准备进攻邻省而闻名。

　　东北诸省具有边疆传统，当地人不能容忍任何不密切关注切身问题的政府，他们仍然很爱国，坚决要摆脱日本修建铁路、采矿以及通过各种"特殊条约"的侵略，正如中国其他地区的人民一样，坚决要摆脱一切侵犯中国主权的外国控制和特权。此外，东北诸省并非落后的边疆地区，而是中国最重要的先进边疆地区之一。根据东北人口计算机械工业化的马力，以及按照领土计算的每平方英里铁路里数，均超过中国除上海周边外任何其他地区。

　　东北老军阀张作霖去世后，其子张学良接任。日本曾明确警告张学良，如果东北加入新的国民政府，加入统一中国的进程，这将非常不妙。张学良不顾警告，认定东北地区同中国其他地区一样，这是他个人的决策。1929 年，① 东北改旗易帜。两年后，日本发动袭击。

　　日本侵略中国东北诸省，是经过冷酷计划而残暴执行的。日本在东北的特权地位转变为直接占领。这一结果不亚于在日本国内造成的"紧急状态"，使得军事和民政的帝国主义者中断了民主的进程，将日本国内法西斯主义对民众的征服与帝国主义在国外征服中国领土相结合。

149

国外的反应

　　远东危机在国外也产生了影响。每个在远东有经济、政

---

① 　应为 1928 年 12 月 29 日。

治和战略利益的国家都深感疑惑和犹豫。他们普遍认为，"应该采取一些措施"，但这些人敦促政府采取行动时遭到挫败。当时人们对中国和日本的现实方面的理解有所滞后，这是很难克服的。

百年来中国既无能力又无知识解决自己国家最重要的问题；真正事关中国的重要问题都由列强决定。由于人们长期接受这种思维方式，就会产生一种阻碍中国采取明智政策的假设：将中国从日本手中拯救出来是代价高昂的利他主义行为。人们还未做好相信中国能得到国际支持的准备，就像利用国际决议支持日本对抗苏联那样。

有两种对日本极其有利的观点。一种观点认为，如果中国完全摆脱外国控制，就会成为一个难以驾驭的国家，将会扰乱世界势力的均衡。因此，谨慎的做法是由日本负责维持中国的法律和秩序，换言之，让日本"敦促中国人安分守己"。

另一种观点认为，真正的争端根本不在中国和日本之间，而在日本和苏联之间，日本侵占中国东北会使其坚定不移地进攻苏联。日本注定要将东北诸省变成进一步入侵苏联的基地。如果日本轻而易举地成功，西伯利亚东部广阔的未开发地区将足以使日本忙碌很长一段时间，除此之外，他们肯定还会要求西方民主国家对其进行投资，并发放利润可观的贷款。即使日本征服西伯利亚存在困难，这仍符合西方民主国家的利益，因为它们将在支持日本对抗苏联的过程中恢复远东势力的均衡。

国际联盟的失败

在日本的侵略决心和英美的自由放任政策之间，中国政府和民众犹豫不决。全国民众都清楚地认识到，这不是19世纪帝国主义的重演，不是通过支付赎金——开放新的通商口岸，割让新的租借地，或者给予更大经济特权等方式，便能阻止外国入侵。这比失去广袤富饶的东北甚至更为重要。这是全中国人生与死、自由与征服最终抉择的开端。

大家都感觉到，这是决定命运的关键时刻，但是，这种感觉并未让行动决策变得容易。1931年的中国是什么样值得被铭记。中国政府制定两项政策，一项对外，一项对内。对外政策是与在中国享有重大既得利益的列强达成妥协。这些国家有能力采取行动，但在某些情况下，它们担心反对日本或许会付出更大代价，有时又担心中国可能会"陷入混乱"，因而陷入极端恐慌之中。对内政策是放缓革命的进程，以免发生从政治到社会的全面革命。这两项政策密切相关。国民政府是法律和秩序的代表，因此便开始接受外国的援助和外国借款。关税收入——对外贸易最重要的指标，反映了外国在华利益充分与否和外国对中国的满意度高低——正在稳步上升。

因此，有理由相信，日本一直鼓吹在中国应完成的"使命"，实际上中国政府已经做得很好。没必要让日本充当外国在华利益的保护者，因为外国人如今享受的利益比

151

过去二十年还要多。如今，外国以往的投资更安全，回报更稳定，投机性更少；也没必要让日本充当新投资的开路人和担保人，因为新的直接投资机会正在出现。没必要让日本"于混乱拯救中国"，因为国民政府已经恢复控制比任何外国干预所涉及的都更广阔的地区。在通商口岸之外的旅行和贸易都很安全。至于日本寻求国际同情的最耸人听闻的借口——即"将中国从共产主义中拯救出来，阻止布尔什维克洪水涌入亚洲"，这种行为亦是多余。国民政府已将中国共产党包围在有限的区域内，并向外国借款、从国外购买飞机和军事装备来对付中国共产党，其意图明显。

相应地，中国或许不必真正开战就能保住东北。事实上，如果当时中国真的决定开战，风险将会非常大。

因此，中国决定将争端全部交给国际联盟裁决，以迫使其他国家——主要是英国和美国——分担危机。难道其他国家不觉得有必要约束日本吗？日本本质上是希望被承认为中国"法律与秩序"的国际托管人。实际上，自与西方接触以来，国民政府统治时期的中国，其法律与秩序优于以往。

无须假设中国会天真地误以为国际联盟是一个公正的法庭。实际上，国际联盟是列强的强权政治交易所，它们在委员会会议上合计得失，在条约中彼此勾结，而不是在战场上决一死战。若是在战场，中国人至少有获胜的机会，即使没有获胜，至少也可能减少损失。苏联和美国都不是国际联盟成员国，但存在一个先例，即美国是否参与国际联盟的决议。而另一方面，1922年华盛顿会议关于远东的国际决议却将苏联排除在外。

这是因为日本的目标是将中国和苏联等同，或者至少与"布尔什维克的威胁"等同，而美国的传统政策则符合中国的利益，支持中国领土和政治完整。由此，诉诸国联比诉诸武力更为稳妥。而诉诸国联的结果是中国付出高昂的失败代价，但这并不是最后的失败，由此中国赢得了准备最后斗争的时间。

总结国际联盟的决定是一件很难的事情。李顿调查团被派去调查事变经过（好像有事情可能会发生，但还不明显），这份报告在严肃地承认国际侮辱方面，堪称一部杰作。日本退出国际联盟，在东北建立"伪满洲国"。就其主要目的而言，日本这种诡计非常成功：他们取得在中国东北为所欲为的权力，但同时伪装一切责任均归于"伪满洲国"。

美国对此进行圆滑地反驳，提出胡佛·史汀生的"不承认主义"，英国紧随其后。其中，就维护中国统一的传统政策而言，"不承认主义"并未声明美国不会为支持该政策而参战，也未声明美国不会在合适时机下参战。

154

虽然美国再三坚持认为，"开放门户"政策经过九一八事变之后仍然存在，但该事变标志着国际联盟走向死亡。

九一八事变的后果在反复重演。意大利在埃塞俄比亚进行掠夺奴隶的旧式远征。在德国和意大利的公开支援下，在美、英、法三国的暧昧默许下，西班牙建立了法西斯主义政权。希特勒在德国掌权，并立刻从世界各地筹到借款。其对捷克斯洛伐克的背叛，是对社会礼仪的最终否定，这是一笔彻头彻尾不诚实的商业交易。温斯顿·丘吉尔是当时少数批评这项协议的政治家之一。

同时，中国在国际强权政治交易中，趁损失不多相机撤出，开始耐心地使用策略调整自身的地位，从明显的弱势地位向逐渐强大的地位转变，并做好持久斗争的准备。日本新近膨胀的主权要求，与英美既得利益之间的冲突开始显现。各国政府默许了国际联盟关于东北的决议，私人企业与日本在后者新占领地区相勾结，并为后者供应原材料和技术，包括飞机、汽车以及高辛烷气公式，从而迅速助长日本军事力量的扩张，各国政府在这些方面已无力阻挡。然而，它们不得不采取某些措施，希望以此防范日本再次突袭。

155

情势愈加明朗：日本不会被迫进攻苏联，而且日本针对中国的任何新动作，不仅中国要付出代价，美、英、法各国的既得利益以及未来经济前景也都会受到影响。因此，英美在对华利益关系上更为紧密，它们不断将军用物资运往中国，并给中国提供贷款，这种贷款不仅是借给中国的货币，还是政治行动的经济支援。

许多美国人都对中国失去东北满不在乎，甚至倾向于认为，中国的损失或许也不是很严重。即便现在仍有许多人认为，1931 年中日之间几乎爆发了战争，而 1937 年卢沟桥事件之后，战争才真正开始。事实上，这场战争自 1931 年起

即已真正爆发而从未停止。1931—1937 年期间，这是一场
有限的战争；自 1937 年卢沟桥事件之后，中日战争变成一
场全面的战争；自珍珠港事件后，中日战争变成一场总体的
或全球性的战争。

回顾当时的报刊书籍就会发现，人们普遍地认为，日本
人侵占东北将会"满足"很长一段时间，因为他们需要"消
化"这 36 万平方英里的领土，包括 3000 万人口和大量未
开发、半开发的各种资源。事实上，日本人从未犹豫或暂
停。既然国际联盟和美国坐视中国东北沦陷，日本就会顺势
不断向中国无情地施加压力。

热河与华北"自治"

次年，即 1933 年，日本袭击中国热河省，并将其吞并
至"满洲国"而不是日本。热河省有十万平方英里的领土，
日本只发动持续十天的战役，便夺取了这一切。这是因为日
本动用了规模空前的机械化部队，这是军事演习中也从未
见过的规模。美国和英国对此似乎没有特别关注，但德国
人对此却非常关注，这是毫无疑问的，日本侵袭热河的举
动刺激了德国，之后德国占领了奥地利、捷克斯洛伐克和
波兰。

日本侵占热河后，通过内蒙古向西扩张，控制北平和
华北的天津港。为了保持战略储备，日本开始施加政治和
经济压力。首先鼓励大规模的走私，破坏华北的经济生活。

156

华北地区充斥着日本商品。中国民族工商业被摧毁。中国财政收入最重要的项目——对外贸易的关税，很大部分被剥夺。

经济动荡为政治渗透开辟了道路。日本开始要求北方五省，包括河北、山西、绥远、河南以及山东，作为有自己的"合法愿望"的特殊部分。日本要求中国政府在此成立特殊的"华北政委会"，以方便交涉。下一步则鼓励地方军阀接受日本的庇护，使地方军队从国民政府整体性脱离。

尽管日本似乎会将华北从中国成功地分裂出去，但实际上另一方面的运动正在发生。在日本势力尚未渗透的地区，人们的抵抗意志日益坚定。举国共同努力的思想意识传播到华北地区，这鼓舞了华北民众，他们感到自己并非孤军奋战，而是有全国的支持作坚强的后盾。全国各地民众似乎都在说："我们需要一道前线以抵抗敌人。"华北民众好像在回答："只要你们支持，我们就铸成这道前线。"

西安事变

1936 年 12 月，抗战情绪转为实践，蒋介石在西安遭到扣留。

国民政府对全面抗日的呼吁犹豫不决，但他们对自1927 年以来的反共内战却毫不犹豫。最终，中国共产党被迫离开长江以南地区，其撤退通常被称为"长征"。中国共产党在陕西北部新辟根据地，那里与日本入侵的省份相邻。

这种处境更加凸显了中国内政与外交政策的冲突，应该继续
内战还是全中国联合一致抗日？

在包围中国共产党的部队中，有数千人是在1931—
1932年间从东北撤退的，当时日内瓦正在讨论九一八事变，
张学良是东北的政治领袖和军事统帅。

1936年，中国人愈加感到，共产党的问题远不如日本
入侵那样严重。那些离乡背井的东北人也有同样的感觉，他
们开始与共产党人交好。张学良凭借个人勇气和担当，成为
民族主义的杰出代表。当蒋介石前往反共大本营西安去整肃
纪律时，"兵谏"发生，张学良扣留了蒋介石，要求结束内
战、一致抗日。

国民政府的领导层中，有人不顾蒋介石的生命安危，建
议采取激烈的军事行动，但宋美龄对此表示拒绝，她亲自飞
到西安去陪蒋介石。与此同时，共产党派出最重要的领导人
之一周恩来，去劝说张学良释放蒋介石，理由是实现民族团
结需要蒋介石的领导，而且这种团结必须通过协商来实现，
而不能依靠武力。

最后的结果和兵变一样具有戏剧性。不仅蒋介石被无条
件释放，而且张学良还陪同他回去，并将自己交付军事法庭
审判。

中国至今仍能感受到西安事变的影响和后果。其中，张
学良被军事法庭判处监禁，抗战结束后他就被扣押。由于他
象征着东北诸省对中国的忠诚，因此有可能在光复后被视为
祖国统一的代表。

更重要的是这次兵变开启的先例。这表明面对外国侵略，中国军队有能力迫使将领停止内战。即使现在没有被外国征服的危险，中国军队及将领们都不能忘记这个先例。

但是，在1936年圣诞节释放蒋介石，其直接意义在于结束内战，开始全民族抗日战争，这不仅成为可能，而且成为必要。国民政府企图武力镇压共产党以统一中国，这个政策不仅失败，而且是非常显著的失败。如果共产党利用暂时的优势，敦促杀害或继续监禁蒋介石，那么公众舆论的天平便会转向强烈反对他们的那一端。如果蒋介石被无条件释放后，坚持继续发动内战，那么不止发动兵变的军队，会有更多的人不满和拒绝服从这项命令。

只有共同抗日，蒋介石才能恢复昔日威望，共产党也才能保持新近赢得的威望。正因如此，日本不可避免地会发动进攻。局部的压力和渗透未能瓦解中国。日本现在不是撤退，就是开战。

中国事件

160　　西安事变六个月后的7月7日，日本在北平城外卢沟桥发动战争，企图制造"事变"，全面入侵中国。对日本而言，这是一场误判，也是一场灾难。日本早就蓄谋已久，提前做好一切准备。日本人坚持要求中国政府委派的官员必须经过日本当局的"认可"，在长期的压力和间接的控制下，竟然有少数的华北地区官员毫不犹豫地遵从日本人的命令，他们对祖国和同胞毫无信心，日本的战争机器一旦启动，他们就轻易地被吓倒。

中国的普通军人挽救了局势。一个个师团的官兵都迸发出抗日的热情。他们拒绝向无法对敌作战的地方行军。士兵们一旦发现敌人，不待命令便开枪作战。

结果造成了混乱和屠杀。日本在事先选定的地点都备有大炮和机枪，还有随时待飞的飞机，他们开始了屠杀。然而，一旦中国开始抵抗，便不会被摧毁。战争像野火一样蔓延。有的高级军官甚至已决定向日本投降，但是，当士兵们开始抵抗，他们却改变主意回到军营。中国的抗战行动太缺乏组织，以致无法拯救华北；但推迟了日本侵华的进程，先是逐时推迟，然后是逐日推迟，再后是逐周推迟，但战争终究还是爆发了。

这是一场民族战争。德国占领奥地利和捷克斯洛伐克时，曾十分谨慎地集中军事力量，以镇压可能会爆发的局部性抵抗，同时采取最大限度的预防措施，防止战争全面蔓延。因此，日本在华中地区尽可能地佯装"和解"。实际上，他们从整个长江流域撤出日本侨民，在上海保持低调，唯恐激怒或挑衅中国人。但这个策略并未实行，因为华北的抵抗推迟了日本的作战计划，在上海的日本人感到丧失威望，变得非常紧张和急功近利。这种紧张气氛也激起日本陆军与海军之间由来已久的妒忌。

1932 年，时值九一八事变爆发后不久，日本海军嫉妒

161

其陆军在中国东北横行霸道，他们曾试图攻占上海，但失败了，最终不得不依靠日本陆军远征军前来营救。为洗刷耻辱，1937年，日本海军再次进攻上海，集结大量巡洋舰和驱逐舰停泊于上海沿岸，并向这座城市猛烈开火。

上海的抗日运动再次震惊世界。日本海军占领上海的企图再次落空。日本海军在正面攻击与逐门逐户的争夺战中丧失数千人的性命，为了挽救其威望，最终不得不让距离较近的陆军派出生力军登陆，包抄并迫使中国军队撤退。随后，战争蔓延至首都南京。一旦进入野战地带，日本便能充分发挥飞机、大炮和机动装备方面的优势。此外，中国军队一直被日本海军所包围，日本海军沿长江逆流而上，在陆军前面或与陆军并排前行，因此，中国军队难以打造一条依长江而建的防线。

日本施压如此之大，中国不可能在上海和南京之间，或在南京本身做出抵抗，他们不得不放弃首都。日本人进入南京后便开始胡作非为、滥杀无辜。火烧整个城市的同时，他们持续数周地抢劫、强奸、屠杀战俘和平民。日本军官不仅无法控制士兵，而且根本也不愿意控制，甚至还亲自参与了这场暴行。日本在南京的暴行骇人听闻，以至于其军事意义被忽视。当日军到达南京时，本可以继续向前推进，分裂、包围中国最精锐的陆军，从而取得胜利，这将使中国真正丧失战斗力，从而早日结束战争。不过日本并没有抓住这一时机。

列强与抗日战争

需要在此说明当时其他国家的态度。许多人认为，苏联将会成为日本侵略的下一个受害者，它从一开始就公开支持中国抗日，尽其所能地向中国提供战争物资和经济援助。民主国家对此态度并不一致。一方面，它们由衷地钦佩中国的抵抗，但又不太相信中国能获得真正的成功。中国人周复一周地在战场上坚持，这被称为"奇迹"，实际上，那些民主国家却并未尝试从合理的军事逻辑分析解释这个"奇迹"。

另一方面，民主国家担心如果它们制止战争，战争范围或许会进一步扩大，并将自身卷入其中。同时，虽然它们坚持"不参战"，但是利益诱惑太大，以致它们无法远离为其创造和提供贸易机会的战争。这种自相矛盾的最终结果，就是保持"中立"。一方面，它们允许向日本无限出售各种原材料，允许私人资本无限制地投资日本战争产业，另一方面，它们却任意限制向中国销售和运输现成的战争物资，甚至还限制外国对华贷款的使用。

以空间换取时间

在血腥的南京暴行之后，日本军队又开始向前突进，但现在想彻底击败中国军队已经太迟，因为后者大规模采取持

163

久战术。中国与苏联同样采取纵深防御的策略，后来苏联使用更多精良装备，更有效地对付了德国。中国的战术是当日本逼迫最紧时选择退让，转而主攻日本军队纵队和楔形编队的侧翼和联络点。这就是蒋介石的所谓"以空间换取时间"战略和战术。

虽然中国人善于采用这种战术，以迫使日本进行这类战争，但是日本反复利用其优势。日本拥有海军，长江既深又宽，远洋轮船和大型巡洋舰可直入中国的心脏汉口。这就类似于美国同入侵者作战，但没有自己的海军，而入侵者的海军能从密西西比河逆流而上到达圣路易斯州。如果没有日本海军，日本陆军或许根本无法到达汉口；至少在1938年底，他们也不可能到达那里。尽管中国的前线从未被击溃，但侧翼却多次在长江沿岸转移，直到1938年底，日本陆军在海军帮助下到达汉口，同时夺取了广州这一沿海大城市。

磁战和游击战

1938年底，汉口和广州相继沦陷后，战争进入新的阶段，一直持续到1941年底日本突袭珍珠港。由于日本海军控制了中国沿海和长江沿线，中国无法通过轮船和铁路取得外援，除了1940年从尚未被日本占领的法属印度支那得到少量的补给。中国现在只能通过滇缅公路和通向苏联的汽车公路获取供给，滇缅公路是中国人自己修建的，汽车公路长达两千多英里。其中在 1940 年，就连运送美国物资的滇缅公路也被迫关闭数月，法国沦陷使英国陷入绝境，日本迫使英国停止缅甸边境的运输。

这三年里，中国采取一种新型持久战。在地图上画一条直线，连接北平、汉口和广州，这条线就是日本在中国的战线粗略图。日本向西任何地区突破这条线几乎都会被包围，正如其在重峦叠嶂的山西山区和长江沿岸宜昌的遭遇那样。1937 年，这条战线以东的地区，拥有中国几乎全部工业生产、几乎所有铁路系统、大部分已开发的煤矿、最富庶的农业生产和超过全国一半以上的人口。这条战线以西地区，拥有不足十分之一的中国工业产值、几段铁路、战后才开发的大部分矿产资源，以及由于难以获得燃料、新卡车和零部件而严重受阻的机动道路系统。

从北平经汉口到广州，这条线路以西是中国的多山地带，与这条线路以东的黄河和长江流域开阔平原形成鲜明对比。日本利用机动装备和大炮在开阔地段取得最大优势。他们凭借制空权，能够发现中国任何试图集中大规模军队的行动，从而集中火炮和坦克来应对。中国人在丘陵地带和崎岖不平的地区可以隐蔽其聚集行动，而不被日本侦察机发现。他们在此发展了蒋介石的所谓"磁战"，即先将日本人吸引至无法灵活机动的地方，然后用迫击炮、手榴弹和刺刀将其包围，阻止后方部队的增援，同时歼灭敌人的前哨部队。

尽管中国通过这些措施延缓了日本的侵华行为，但并不

166

能将局部胜利转化为大规模的反攻，因为一旦来到空旷的田野，日本将发挥机动性、集中性以及绝对火力优势。因此，中国在这条分界线以东地区诉诸游击战。游击战并非在真正的"沦陷区"，而是在敌人突进的地区。日本占领诸多据点，并在据点之间保持联系，当地居民常遭受日本的报复性袭击，但并不在日本控制之下，因而能够自发组织起来。游击队极大地阻碍了日本对中国资源的开发，但无法收复广大领土和战略要地。

游击战的政治作用甚至比军事作用更为重大。游击队之所以能发展，正是因为他们学会了如何在斗争中生存，如何不顾日本人的骚扰而种地以确保丰收，如何协调个人与村社的义务与责任。他们直接发挥中国人的政治本能，发现自身有能力组织一个有效的社会。这就说明中国社会，尤其是构成人口大多数的农村社会，能实行具有政府职能的民主制度，按照多数人的意愿以及少数服从多数的原则，为最多数人谋求最大的利益。

中国的游击队不是统一的。有些游击队是杂牌军，他们是正规军的延伸，接受正规军指挥者的命令或至少是指示，主要在敌后作战。在某些游击区，他们还向位于重庆的国民政府缴税。另一些游击队由共产党领导。还有些游击队虽然不是由共产党领导，但他们与共产党交好，邀请共产党的专家训练其军队，并学习如何建立社会机构和经济组织。

然而，决定性因素并不在于游击队与国民党还是共产党组织者接触。最重要的是，数百万人为了保卫祖国、保卫家园和土地而战斗，并生存下来。

珍珠港事件之后

珍珠港事件的爆发，给全中国带来了希望。但由于日本在数月内便占领中国香港、菲律宾、马来亚、荷属东印度和缅甸，希望开始破灭。中国曾有段时间处于从未有过的孤立状态，但并未崩溃。现在中国有世界上最强大的国家作为盟友，并确信最终会取得胜利。

外援开始逐渐增多。早在珍珠港事件之前，美国就在中国成立一支志愿飞行队。在陈纳德将军的指挥下，他们在缅甸战役中创造了惊人的战绩。之后，他们被改编为美国空军部队所属单位，仍受陈纳德将军指挥，并配有轰炸机和战斗机。同时，中国飞行员被派往美国接受训练，并配备美国飞机。最终开辟了一条从印度到中国"穿越驼峰"的空中补给线，每月补给的军需物资比滇缅公路运送的还要多。史迪威将军是美国在缅甸的指挥官，他一直致力于重新开放滇缅公路。

不幸的是，中国强大盟友的援助也产生了负面影响。有些中国人愤世嫉俗地认为美国参战不是出自本意，而是由于珍珠港被袭的缘故。他们认为中国凭借自身实力守住了抗日前线，遭受的损失比美国更大。若不是中国的牺牲，美国会在日本偷袭珍珠港后陷入更为绝望的境地。从现在开始，美

168

国应结束这场战争，中国已守住前线，牵制住日本军队，人们不该期待中国还要做更多的事情。

其他中国人的政治观点则是狭隘的党派偏见。他们推断，中国将与美国共同成为战胜方，但苏联和中国共产党也会成为赢家。因此，中国在战后将再次面临内战危险，或许会再次发生一场内战。国民政府应该保存其训练有素的部队和新装备。

169

这一时期，美国对华军事政策以史迪威将军为代表。史迪威相信中国士兵，给予他们武器、训练和指导，非常平等地对待他们。他认为，中国能够而且应该尽力收复一个沿海港口，由此中美军队可以联合加速打败日本。史迪威主张，美国应增加对中国的武器供应，并让美国军官来帮助建立训练机构和参谋组织；应动员全中国的力量，包括共产党在内，没有他们就不能实行大规模的战略计划。根据这一原则，与共产党及其领导的敌后游击队联系，加深了美国与中国政府的密切合作。共产党允许美国建立气象站，这对空军作战非常有利，他们营救降落地面的美国飞行员，将其送回安全地带，并不断提供有关日本军事和经济的重要情报。

史迪威的这些观念后来遭到了美国人的反对。1944 年，"史迪威危机"爆发。史迪威将军被召回国。美国的供给与援助仅限于国民政府，（国民党）在陆地战争中并未尽力作战，这加剧了国民政府与共产党之间的紧张关系。共产党夹在国民政府军队与日本军队之间，处于孤立状态。整体形势转向对日本有利，由此，日本发动进攻，突破了国民党军队

170

的数道防线，推迟了中美联合进攻的可能性。

战争结束后，中国和同盟国同属战胜方，但在维护其国家利益方面却处于不利地位。日本投降后，美国占领日本本土岛屿。与此同时，苏联突然进入东北各省，彻底击败日本。在中国长城以内的地区，日本听从本国政府的命令而向中国投降。

更严重的后果是，由于国民政府、共产党与沦陷区各种抵抗力量之间缺乏协调，战后出现了竞相争夺有利地位和交通线的局面。在这场竞赛中，国民政府和共产党都不是赢家。苏联军队驻扎在东北诸省，这有利于共产党进入该地区，并与当地抗日力量会合，获得日本投降后留下和丢弃的武器。另一方面，美国将大量的飞机移交给国民政府，船只也供国民政府使用，由此后者能够将部队遣往原本不可能到达的地区。此外，国民政府诸多部门甚至在抗战结束后，还能使用美国的物资武装，并装备许多师，美国海军陆战队也还驻扎在中国许多重要的沿海港口，如若没有他们，国民政府无法守住这些港口。

171

中国经济的混乱不亚于政治的混乱。在战争结束时，苏联与中国签订条约，恢复了沙俄帝国曾经享有的特权。根据这一条约，苏联退出中国东北，但还驻扎在中国的重要港口大连、旅顺海军基地，并控制部分的铁路系统。另一方面，苏联在撤退时将诸多工厂的设备全部抢走，从而削弱了东北作为中国工业化和经济复兴基地的实力。

中国其他方面也同样混乱。由于内陆交通系统薄弱且不完备，商品和资本更容易集中于港口而不是广大的内陆地区。在这方面进行改进和实现现代化，需要比传统意义上具有更多的"法律和秩序"。除非所有的阶级和利益集团都感到自身利益能得到保障，否则将不可能实现大规模地合作。难题在于，中国是一个农业大国，国民政府对维护农民利益的共产党充满敌意，因此他们经常忽视农民的政治经济诉求，即使是完全合理的诉求。结果，战争结束后，国统区不但没有出现充满希望的活跃时期，反而出现广大内陆地区经济几乎瘫痪，沿海港口地区货物供过于求、食品短缺、黑市失控的现象。一个典型的悖论是，美国商品以低于中国同类商品的价格进行销售，由此，人们担忧中国经济将被美国所垄断。

172

　　总而言之，当战争结束后，中国的军事冲突与不安的政治争论、经济混乱紧密联系，中国并不是越来越好或对未来充满希望，而是比战争时期的情况更坏。同内部混乱相关的是，中国在战时的两大盟友都被牵涉进来，这两国都比中国更为强大，这很危险。国民政府需要并依赖美国的援助，这种令人不安的倾向很容易发展成直接干预和统治。这暗示着国民政府对号召本国民众丧失了信心。

　　因此，尽管中国是战胜国，虽然摆脱了代表外国统治的不平等条约的束缚，但未来却面临无数的困难。一方面，中国迫切需要制定多数人支持的政治制度，包括广泛组织理念不同的政党。另一方面，为了中国自身的最大利益，减少并最终排除美国和苏联的干预也同样重要。

第四编

近代世界中的中国

第一章

社会变迁

中国比其他任何国家，甚至比苏联遭受的战争破坏更大。当考虑到战后问题时，我们大多会想到战后重建。中国必须认真考虑创建新的体系，而不是恢复任何旧的体系。当中国正经历着快速变革时，日本的侵略将其打断。现在中国人已将日本人驱逐，他们渴望和平稳定以建设一个繁荣的现代化国家。

在 1937 年之前十年，中国各角落几乎都在一定程度上受到西方和工业革命的影响。在偏远乡村都可以见到发生的变化，煤油灯代替了灯芯菜油灯，农民穿着城里纺织厂织成的蓝布裤。富裕农民的妻子在溪边石块上搓洗衣服时，或许会使用从小店买来的洋胰子，小店还出售洋蜡、土耳其小毛巾和香烟。

乡村出现新的交通工具，也带来了现代化的气息。各种新观念也渗透到农村，这些新观念或许来自在城里工作的子女，或许来自受过一些现代培训的小学老师，又或许来自用白话文而非文言文写出的小学教科书。

政府和私人团体也曾经努力组织，如乡村建设运动和平民教育运动，通过扫盲、改进农业和手工业等方式推进中国乡村现代化。当战争开始时，这些努力还处于试验或示范阶段，其中一些正在恢复并将继续发展。然而，就其根本而言，农村的社会结构和社会习俗并未发生改变，尽管我们将在后面看到，机械工业的产生以及由此引起的传统乡村工业的瓦解，加之多年战争的压力，已经对农村经济产生非常深远的影响。

我们可以发现，西方对较大城镇的影响比对农村的影响更为深远，尽管出现少量的公共汽车、小汽车，许多自行车，电灯，少许的洋房和出售西方商品的小店铺，但中国的面貌和气氛仍然很传统。满大街仍然充斥着黄包车、马车、吱吱作响的手推车和挨家挨户叫卖的小贩。在街道两旁的高墙后面，可以望见蜿蜒曲折的中式屋顶，透过朱漆大门可以瞥见阳光明媚的庭院；人们穿着传统的中国服饰，有时却配上一双洋皮鞋或一顶礼帽。在县城和省会城市中，较为时髦的官员和学生都穿西式的"中山装"，这种上衣的纽扣最高到颈部，衣领高立。古旧寺庙偶尔被用作学校和车间。站在城墙上可以看到，天主教和基督新教教会的外国建筑赫然高耸于平房、商铺和工厂之间。在有些地方，不管是公立还是私立的学院和大学，都成功地融合了中国传统建筑与现代建筑的特点。

当然，大城市更加现代化，尤其是海港城市。这些城市中心宽阔的街道两旁都是外国风格的店铺、银行、旅馆和电影院，街上充斥着有轨电车、汽车和公共汽车的声音；而郊区则是洋房、乡村俱乐部和跑马场。中国女人穿着时髦的中式服装，同男人聚在鸡尾酒吧喝酒，在豪华的现代饭店吃饭、跳舞，成群结队地去看电影，或者在跑马场里赌博。学生们在现代课堂上讨论着达尔文和爱因斯坦。大型工厂和发电厂的机器在高效运转。

然而，在现代化影响的表面下，中国仍然保留许多老式传统。即使在上海这座最现代的城市，黄包车仍然比汽车更多，许多街道两旁仍是传统商店和小手工业作坊。中式服装依然很流行，中式戏院和中餐馆依然多于西式剧院和西餐厅。

可以说，上海是新旧冲突的缩影，这也反映了当今中国的特征。上海的新旧冲突几乎发展到很夸张的地步，然而，中国每个城市和每种社会制度在一定程度上都存在这种冲突。

178

中国的家庭

文化冲突在中国家庭生活中比其他任何地方都表现得更为明显。早在孔子时代之前，家庭就是中国生活结构的基础。旧式的家庭是家长制的。孝道被认为是最重要的美德。需要严格听从老人的意见，尤其是老年男性。女性地位低下，至少在理论和法律上如此。婚姻由父母包办，采取一夫多妻制形式。人们认为只要经济允许，一家几代人及支系都生活在一起，他们将收入都交给最年长者统一管理。

　　如今，这种旧式的生活方式被人们普遍批评。现代作家认为，旧式家庭造成无尽的摩擦，阻碍个性的发展，年轻人受到年长者的压迫，有能力者不能享受他的劳动成果。然而，奥尔加·兰（Olga Lang）女士在她新出版的《中国的家庭和社会》(*Chinese Family and Society*) 这一优秀的研究著作中指出，"只有少数人会怀疑西式的婚姻家庭是否适合他们。"当传统的大家庭越来越受到排斥时，"让年迈的父母独自生活，这已经使许多改革者开始担忧"，因为每个普通的家庭都至少会有一位老人。

　　许多受过现代教育的年轻人，在争取婚姻自主权上同父母发生了冲突。1931 年颁布的新的民法条例，剥夺了家长为子女选择伴侣的权利。然而，尽管颁布了新民法，但兰女士的研究表明："只有极少数人会跟自己选择的对象结婚。父母们根据传统，不会轻易就放弃他们的权力，只有少数子女坚持他们的权利。农村的年轻人完全不可能自由选择配偶。"1937 年的一份调查问卷显示，在 194 名已婚男学生中，85 人婚前从未见过新娘，只有 40 人是自主选择了配偶。在接受采访的 170 名农村人中，只有 3 名女性听说过"新式婚姻"。同古代社会一样，中国社会各阶层的婚姻，依旧是通过媒约之言来促成。

　　兰女士的研究表明："完全没有迹象表明，现代化家庭容易扰乱中国正常的出生率。相反，在同一社会阶层，现代家庭的子女似乎平均比旧式家庭多（这显然是由于现代阶层普遍具有更好的经济和卫生条件，女孩也能得到更好的待遇）。"

她认为，如今中国的孩子虽然不如以往那样顺从，但他们仍然比西方孩子更听话。

人们似乎普遍认为，中国家庭生活中的发展趋势是裙带关系的减弱。旧式家庭过去最重要的义务便是照顾亲戚，因而不论才能如何，任人唯亲是理所当然，社会舆论通常指责那些拒绝雇用或提拔亲戚的官员或实业家。今天虽然还有人指望他们照顾穷亲戚，但这样做会被批评损害广大民众的利益。这一是由于现代社会要求商业和工业日益提高效率，二是由于爱国主义思想的发展，以及对社会负有责任的信念的确立。

180

兰女士的结论是："通过危机失调的困难时期，新的家庭生活模式已开始出现，它肯定比旧的家庭模式更加光明。"

新中国的女性

20世纪，中国最具革命性的变化莫过于社会各阶层女性生活的变化。中国女性一直具有很重要的影响。正如中世纪的欧洲，极少数的女性在历史上扮演着战士、学者和诗人的角色，而数百万女性则通过她们在家庭中的权力和影响力，间接对公众生活产生影响。然而，直到近些年，女性才开始直接参与公共活动和国民生活，不仅取得作为妻子或主妇的应有地位，还取得了个人方面的权利。

民国初年，女子学校创办，部分女生开始进入学院和大学学习。随着越来越多的女生离家上学、阅读西方书籍、观看美国电影，刻板的旧生活方式开始瓦解，尤其是在与西方发生接触的沿海城市。早期大学毕业生多数成为教师或公共卫生工作者，或积极参加政治运动。1927 年大革命爆发前，大量女性涌入工会、农会和政党。1927 年国民党分裂之后，左翼遭到暴力镇压，一千多名女性被杀害。在 1931 年颁布的新民法承认女性的财产权之后，女性开始从事商业活动，开办商店、饭店和美容院。在上海和北平设有女性商业储蓄银行分行，由女性负责经营。但是当日本侵华时，大多数中国女性仍在家中过着往常的生活。

中国与西方已经开始接触，日本侵华战争加快了这一进程。例如，约有 5000 万难民被迫迁徙至偏远内地，在当时情况下，一家人几乎不可能在一起生活。即使没有被迫迁移或房屋没有被炸掉的家庭，他们也不能按照原有的方式继续生活。由于男性外出，劳动力稀缺，以前从未外出工作过的女性开始参加工作，许多上流社会的女性则自愿加入战时工作。宋美龄成立了妇女咨询委员会，负责收容孤儿和难民，组织成立合作社，教女性缝纫和其他手艺等战时工作。她的姐姐宋庆龄是一位负责救济工作的领导者，尤其是医疗救援工作，她也是工业合作社经济救济组织的负责人，主张救灾工作不分党派，由此赢得全国人民的尊重。

女性不能抛头露面，男女授受不亲，子女不得违抗亲命等旧观念，现正在迅速瓦解。这种变化不可避免地产生激烈的冲突矛盾，尤其在危机时期。为了反抗保守的父母，有些子女选择离开家门加入中国共产党，这种情况并不少见。有些人不顾父母的反对，加入民主党派中较小的自由党派；有些人虽然加入了国民党，却参加党内的自由派反对右翼的政策。另一方面，随着女性思想不断地解放，婚姻也发生变化，现在的婚姻更多是由于同学或同志关系而结合的新式婚姻，而不再是过去的老式婚姻。如今在公共场所可以见到各阶层的女性，几乎任何行业都对女性开放。

文化教育

在战争初期，现代教育实际获得了惊人的加速发展。尽管大多数中国人一直是文盲，但他们非常重视学习，对教育满怀信心。战后政府推行一项鼓励成人接受教育的政策，扫盲成果显著。1940 年教育部宣称：在过去两年中，4600 万人学会了读书识字。学校鼓励小学生回家教其父母认字，年龄稍长的孩子组织邻居识字班或农村识字班，还制定大规模的教师培训计划。

中国文盲普遍存在，主要是由两方面造成：一是汉字书写非常复杂，只有少数有闲阶层有时间学习；二是书籍甚至报刊文章均用普通人难以理解的文言文书写。教人读书，首先要发给他们用白话文书写的书本和报纸，然后制定简单的办法，以教会他们阅读这种简单的文章。

20 世纪 20 年代，两次运动使这项任务变得更易解决。一是胡适（后任驻美大使）领导的所谓中国的"文艺复兴"

183

运动，他提倡白话文的书写方式，由此，普通人可以在数月内学会识字，而不需像过去那样花费数年的时间。二是常说的"千字运动"，这是晏阳初复兴计划中的一部分，他提倡学习日常用语中最常见的一千个字，让普通人能阅读简单的白话文书籍或报纸。

　　战争初期，成千上万的高中生和大学生从沦陷区迁移至内地。学生和教授们带着从被炸毁的校园里抢救出来的那点物资，步行数千英里来到大后方，他们在土屋茅舍、废弃庙宇或山边洞穴里重办学校。虽然有这些困难，但根据官方统计，大学生人数从 1936 年的 3.2 万人增至 1941 年的 4.5 万人。相较于其他各界，尽管通货膨胀给学者和教师带来更大的困难和挑战，但学术研究仍在继续进行。高中招生从 1936 年的 58.3 万人增至 1940 年的 62.2 万人。但是，随着战争的持续，由于缺乏与外界联系、缺乏设备、课本磨损严重，教育质量受到严重影响。此外，国民党的独裁倾向日益增长，压制言论自由、新闻自由和集会自由，迫害自由主义者，抑制教育和学术研究自由，由此人们对贫穷阶层的扫盲不再热心。

184

战后中国的基督教

　　基督新教和天主教在中国城市和农村历经百余年的传教活动，可以说已经"本土化"。初期，皈依基督教通常会让人与其出生的社会分道扬镳，因此传教士通常会向皈依者提供经济和社会资助，他们之间的关系被更多表述为"大米基督教"，这暗示人们为了获取照顾而皈依。

　　然而，在1911年辛亥革命之后，中国基督教团体开始更有信心，认为他们能够在中国这个庞大复杂的社会中依靠自身力量维持生计，并管理自身事务。基督教在1926年国民政府成立后迅速发展。现在中国基督教团体完全摆脱外国的控制（除了中国的天主教会，他们像所有天主教会一样听命于罗马）；另一方面，中国政府已成功确立监督管理外国传教团体活动的权力。最重要的是，教会学校和教会大学必须符合政府所要求的标准，其中，宗教课程不准列为必修课程。中国政府在维护其权利的同时，对传教活动也很友好。宣教影响的重要性在于，政府高级官员中基督徒的比例高于总人口中基督徒的比例。此外，不仅在国民党，而且在共产党和其他党派内，也有许多人虽然不是基督徒，但都在基督教机构中受过教育。

　　在近代中国医学教育和公共卫生机构的发展中，基督教活动发挥了重要作用。私人医生的数量仍远不能满足国家的需求，但另一方面，中国建立和运行现代组织和机构的能力在公共卫生领域表现最好。例如，尽管公共卫生组织工作规模还不够大，但在预防传染病方面已取得显著成就。

文学和艺术

　　正如人们所预料，文化借用和文化影响在中国现代文学中得到了强烈的反映。大量的文学仿作更倾向于模仿最现代的东西，而不是建立较高的文艺批评标准。另一方面，也有大量的现代中文作品借鉴西方文学的结构和形式，以中国当代生活中的悲剧、哀愁、幽默、讽刺和勇气等丰富内容为题材，进一步发展起来。萧军的《八月的乡村》和老舍的《骆驼祥子》这两部中国近代著名的作品，已被译成英文，并得到广泛流传。同时，一位王先生①已翻译两本书，一是《阿Q正传及其他：鲁迅选集》(*Ah Q and Others: Selected Stories of Lusin*)，由鲁迅先生所作，他被认为是中国最伟大的短篇小说作家，二是《现代中国小说选》(*Contemporary Chinese Stories*)，由诸多作家合著。

中国的绘画、音乐和雕塑也有大量仿品，缺少原创作品。然而，中国近代艺术家在版画这一古老工艺方面，创作出许多描绘平民生活和抗战英雄的特色作品。

186

---

① 应指王际真（1899—2001），山东桓台人，求学于清华大学、威斯康星大学、哥伦比亚大学，先后在纽约市立艺术博物馆、哥伦比亚大学中文系、哥伦比亚大学图书馆工作，将中国多种古典与现代文学作品译成英文，包括《红楼梦》、鲁迅作品、郭沫若作品等。

第二章

未竟之革命

在中国实现现代化之前，必须解决基本的经济问题。今天的中国不仅存在由于长期激烈的战争所造成的难题，而且还存在由于战争而更为突出的问题，这些便是中国未竟之革命。

辛亥革命前的分裂在某些方面不同于中国历史上王朝灭亡前的崩溃。尽管同样存在贫穷的、被压迫的农民，旧统治者的覆灭以及新统治者的崛起，但此时还出现西方对分崩离析的旧政权的冲击。然而，正如我们所见，在中华帝国历史上，当新王朝出现后，其特点通常是农民地位有所提高，更多的人享受幸福生活。此外，西方的冲击还表现在，中国现政权获得了农民和工人的支持，并承诺土地改革和政府中工农代表权，从而能够继续执政，但实际上并未提高占人口百分之八十的农民的生活水平。

若要了解今天的中国，首先必须了解农民的问题，即古老的土地制度所造成的不堪忍受的负担，传统手工业的瓦解和现代工业化的兴起如何影响农民的生活等问题。燕京——云南大学社会研究站主任费孝通博士在《中国农民的生活》（*Peasant Life in China*）① 一书中，简要阐述了所有专家都会认同的结论："饥饿才是中国的真正问题。"

农业

即使将中国的耕地平均分配给广大农民，每户也只能分到两英亩半土地。然而，如今的国统区内，土地分配严重不均，大多数农户只有一英亩地甚至更少的土地。这一小块地要提供足够的食物，才能养活一个家庭。在没有机械、化肥，甚至没有一头牲畜的情况下，他们必须像培育花园那样，耗费最多的人力来耕作这块田地。从未到过中国的西方人很难意识到绝大多数的中国农民有多贫穷，他们如何生活在饥饿的边缘，如果出现灾荒、洪涝或作物歉收，大量农民会被饿死。

中国约有一半农民是佃农，他们常常不得不向地主交纳百分之六十或七十的收成作为地租。即使是拥有土地的农民，他们也必须交纳繁重的苛捐杂税，以至于他们通常需要借债，而高利贷者往往收取高达百分之百的利息。因此，许多农民不得不在年景不好时卖地，这对中国人而言是真正的悲剧，因为他们内心深爱这块土地。

189

———————————————

①　今译为《江村经济》。

除苛刻的租税和利息之外，还有许多新因素使得中国农民的生活朝不保夕。费孝通博士和张之毅博士在《云南三村》中，对三个典型的云南村庄进行了研究，这些村庄中有七成家庭无法获取足够的粮食维持生计，因此，农民必须要有其他的谋生手段。中国其他地方也存在同样的情况。按照传统习惯，中国农民同时也是手工艺人，大多数村庄都有手工业，他们使用当地农业生产的原材料。费博士和张博士所研究的三个云南村庄生产刺绣、造纸和丝绸，并以此闻名。农业生产具有季节性，从而有可能经营这些乡村手工业。

尽管传统的农村手工业依赖当地的原材料，但在现代交通便捷的地方，原料可从外部运入，新型工商业正在形成。包工商没有自己的工厂，他可以将原料分发给工人，再从工人那里收回制成品。农民不需要亲自前往当地市场出售农产品，而是由中间商将其运送至大城市的商店进行售卖。包工商和中间商就此攫取大部分利润。此外，商业的发展为外国商品的入侵开辟了道路，使其与国货竞争，因此农民变得更加贫困。最重要的是，大规模机器工业的引进开始摧毁农村手工业，由此必须找到其他办法来增加农民的收入。

190

诚然，更公平地分配土地会提高贫苦农民的物质生活水平。然而，这是一场极难实现的改革，因为国民党坚决拥护地主利益而损害农民利益。在抗战期间，共产党控制的游击地区没收了逃亡地主或汉奸地主的土地，并将土地再分配，这项工作阻力相对较小。共产党的土地政策非常谨慎,因为他们不愿与所有地主相对立。然而,随着战争的结束,农民的贫困和不满日益加剧,成为重要的政治因素。农民要求进一步重分土地的压力增加。国民党维护地主阶级的利益,相应地,共产党为了维护农民的利益,就必须承诺积极实行土地再分配的政策。

如果农民负担得起,改革技术、采取多种农业形式都可以提高土地生产率。据估计,如若采用一切可能的科学手段,可以使生产力提高百分之二十,但即使如此,仅靠农业仍不足以养活目前的农村人口。其他形式的收入仍然必要。机器时代唯一的办法是发展机械工业,使得农村人口分享其收益,提高农民收入,以使他们成为工业产品的消费者。

工业化

如今,中国有宏伟的工业化计划。然而,工业化并不会自动带来普通人的成功,只有人们正确地加以处理才能做到。中国经济学家们认为,要成功实现工业化,中国必须避免其他国家在工业化过程中所犯的错误,此外还要学习他们的成功经验。日本为了出口获取利润而制造许多商品,并建造强大的战争机器,然而日本农民仍然穷困,无力购买本国的工业制成品。西方社会必须采用蒸汽动力,大规模的工业集中在拥挤沉闷的城市,因此工资低廉,工作环境恶劣。如今由于电力的发展,这种情况得以改变。战前,上海和其他工业中心便开始仿效西方早期工业模式，但中国现在却有机会采取新的模式。

西方的这套模式只会加重农民的痛苦，因为它会瓦解农村的家庭手工业。如果农民因此减少收入，便无力购买工业产品，工业的发展也将会受到阻碍。因此，应该将某些工业分散到农村，以提高农民的购买力。这并不意味着需要原封不动地保持手工业。电力的发展使西方社会出现工业分散的趋势，中国可以借鉴这种模式。发展分散式企业的另一个原因是中国运输设备不足，这种企业利用当地原材料，并将产品销售给贫乏的地方市场。

中国许多经济学家认为，中国的解决方案是将必要的重工业和发电厂国有化，并将机器制造业分散到城镇和农村。越来越多的经济学家也认为，消费行业最好以合作社的形式组织起来，分散在全国各地，靠近原材料、农村劳动力和当地市场，但要有大规模的合作组织集中销售产品，并由国家发电厂提供廉价电力，由国家银行提供运营资金。

战争时期发起的中国工业合作运动曾积累诸多宝贵经验。由于政府的不支持、通货膨胀以及其他困难，工业合作运动在某些地方以失败而告终；但在其他地区却取得很大成功，尤其是在西北地区。现在中国先进的经济学家、工程师和少数外国人正共同研究，试图在适用于农村的情况下，让农民享受现代技术的所有成果，并试图对其成员开展广泛的技术和通识教育、健康和福利服务的计划。一名传教士对中国人的技术培训很感兴趣，于是开办一所招收 12 岁至 18 岁

193

男孩的学校，并以传教士名字命名为培黎学校，他们为合作社家庭出身的男孩提供培训技术和合作技巧，旨在训练他们胜任合作运动的领导工作。如今绝大多数运营良好的合作社都位于共产党所在地区，这种活动受到鼓励，当地的经济条件也更为稳定。

新经济政策

这种类型的工业发展符合国民政府官方的经济政策。根据 1944 年 12 月 28 日在最高国防委员会上的决议，国家垄断行业将仅限于邮政、电报、军火厂、造币厂、铁路主干线和大型水力发电站。符合经济重建总计划的私营企业将会得到鼓励和支持。此外，1945 年 5 月，国民党六中全会上通过的决议也提到，国家对手工业和合作社也会给予帮扶。

然而，中国政府为有效评估各种具有影响的现实力量，必须考虑以下两个方面：一是"计划经济"，政府理论上只需要负责那些私企无力承担而需要投入更多资金的重工业和对国防至关重要的企业，私人资本理论上"可以参与国家垄断行业之外的任何企业"；二是官僚主义倾向，这种倾向一直很严重，而且在战争期间，权力集中于中央政府官僚机构手中，在一党专制下，这种倾向进一步增强。官僚化趋势是将工业分门别类，并分别由官僚机构监督，垄断所有门类。在战争结束时，官僚机构无视计划经济，这种情况非常明显。当时上海整个纺织业，包括中国人的私营工厂，都立即

194

被政府垄断管理。

中国官僚在战争中表现不佳，面对战后重建问题，没有取得民众或工商界的信任。官僚制度是现代政府的必要组成部分，在美国和苏联等国已经表现出重要性，但是这两国的官僚制度彼此不同，与中国的官僚制度也有所不同。但是，工业化比较先进的国家，其官吏都是从财政、工业、运输和其他专业活动中招募，并能满足现代经济的需要。中国的弊端在于，官僚机构中充斥着地主家庭出身的人，他们过去曾送其子至清廷做官。这些人的思想倾向于地主家庭那种传统的静止状态，而不是现代经济活动特有的活跃的个人主义。

在战争期间，中国以土地税为基础的庞大财政很难流通运转。官僚机构不愿动员人民发起各种志愿组织，因为新的组织可能最终挑战官僚们的政治霸权。因此，政府一方面诉诸征用人力与物力，另一方面不计后果地使用印钞机发行纸币。征用人力物力的压力主要落在穷人身上，尤其是农民，富人阶层压力较小，尤其是地主阶层。通货膨胀导致物价飞涨，投机倒把比生产更有利可图。在极端情况下，工厂甚至停止运营，变成储存投机垄断的货物的仓库。垄断组织变得肆无忌惮。例如，桐油变得非常珍贵，以至于可以空运出口，但是政府专卖部门开始垄断桐油经营，以极低的价格收购，许多农民愤怒地砍倒桐树，以避免被迫以不公平的价格出售。

官僚机构对经济现实和民众的需要漠不关心，纵容政府

195

官员在黑市上牟取暴利，结果导致囤积居奇，几乎发展到失控的地步。甚至在战后，通货膨胀、投机倒把以及由此引起的生产瘫痪仍在继续。

与此相反，共产党根据地的通货膨胀的程度要低得多，因为共产党敢于打击囤积居奇，并呼吁私人创业和追求利益。共产党意识到国有企业无法控制这种局面，因此惩罚了投机行为，但鼓励私人和合作社为市场生产，只要能够生产商品，就鼓励他们赚取利润。结果，在共产党控制地区的市场内商品更多，货币也保持稳定。

劳工运动

196

　　20世纪20年代，由于上海和其他大城市的机器工业迅速发展，劳工运动悄然兴起并蓬勃发展，在国家生活中扮演着重要角色。早期大多数工人运动的领导者是学生和知识分子，而不是工人，其中有些是共产党员。他们的努力得到工人们的热烈响应，尤其是上海的工人们，因为上海的工厂多于中国其他所有城市。据说到1927年上海工会会员已达300万余人。这种惊人的增长速度，主要归因于中国工业普遍恶劣的工作环境，这种情况甚至比西方早期工业革命时期更为严重。此外，因为当时中国比较重要的工业都是由外国人所有和管理，尤其是日本人、英国人和美国人，因此，工人们也有爱国主义情怀。他们组织起来，一方面保护自己不受资本家的剥削，另一方面反对帝国主义。这种政治情绪愈演愈烈，在 1927 年大革命爆发时达到了高潮。

但是，在国民党左翼和右翼分裂后，尽管地下工会继续存在，但工人运动很快被镇压，在 1937 年日本全面侵华之前，上海的罢工还持续不断。1938 年新的全国性工会成立，[①] 获得了国民政府的支持，1943 年颁布新的全国工会法，以支持政府在战后控制工会。

然而，工人运动在政治方面的重要性或将再次增强，因为快速的工业化促进了工人群体的发展，他们掌握了技术和知识，自然会要求组织起来，争取提高生活水平的权利，并将其当作促进国家工业化的回报。

战争结束后，新的全国性工会与解放区工会合并，会员总数达 160 万人。工会主席最近的立场说明工人群体的力量在日益增长。工会主席对政府的行为表示不满，因为他们只严格劳动纪律却漠视劳工福利。虽然主席本人长期以来是工人运动的极端右翼代表，但他支持成立联合政府，因为联合政府将会赋予代表少数利益群体——工人就是其中之一——的组织以自由的政治行动的权利。

197

---

① 有可能是 1938 年 8 月成立的中国工业合作协会，由埃德加·斯诺夫妇、路易·艾黎和胡愈之等发起。

第三章

中国政治和世界政治

　　战时中国经济和社会的混乱使人们更坚定地要求民主改革，但这种需求并非只来自战争。民主思想是近百年来中国与近代世界接触的自然产物，是近代思想影响渗透的结果。1911 年清王朝被推翻，中华民国建立。从那时起，人们越来越希望通过建立代议制和全面推广民主改革，提高共和政体的有效性。

渴求民主

　　抗战期间，国民政府曾经承诺，当胜利与和平时将结束国民党一党专政的局面（1927 年之后，愈来愈多的人指责，政治腐败和压迫的主要根源是国民党的一党专政），建立民主选举的代议制政府。国共两党以及各小党派的宣传，均强调中国拥护民主，并且正在为争取民主而奋斗。中国一旦赢得胜利，就会建立民主社会。因此，人们对民主的渴望与结束长年的恐怖、苦难密切相连。这种渴望在国统区表现得更强烈，因为国民党在战争期间没有大胆地解决中国内部长期存在的任何内政问题，而在共产党控制地区，由于温和的改革非常成功，以致人们对改革的要求和欲望又进一步增加。

在此，"民主"一词需要仔细界定。"民主"是社会科学家用来描述某种政治结构的专业词汇，但也是一个包含情绪的词语。许多人用"民主"描述喜欢或者习惯的事物，用"不民主"描述不喜欢或不熟悉的事物。

中国绝大多数人所说的"民主"是指他们想要选举更能代表其政治利益的政府，而非中国过去流行的"官僚"式政府，在以往的政府中，老百姓不得不屈服于从未听过的统治者，或没有选举权的远方政府派来的官员。尽管表面有所改革，但官僚政府仍主导着中国大部分地区。因此，相较于许多中国人所拥护的民主改革，他们对要求根除官僚的胡作非为有着更为清晰的认识。大多数中国人还不能分辨或理解哪一种政府是民主政府，美国政府还是苏联政府？他们不想要，当然也不想建立这种民主政府。但是，愈来愈多的中国人能够分析自身实际的难题，而非理论问题，认为指派官吏是实行民主自治的障碍，而民选官吏更有助于解决自身问题，因此，中国人认为民选官员就是民主。

愈来愈多的中国人所需要的这种经验式民主，必须根据实际问题进行相应的调整。

中国人必须考虑的首要问题是，中央政府与地方政府之

200

间的平衡，相当于美国的联邦政府和州政府之间的关系。这
不是一个新问题。当 1927 年南京国民政府成立时，虽然诸
多省份承认，但仍设法保留地方税收和武装力量。即使在战
争期间，随着中央集权的增强，有些省份也能避免完全被中
央政府所控制。众所周知，共产党的"边区政府"就是个例
子，但也有许多旧式的省级政府在实践中而非理论上保留不
同程度的"省权"。自战争结束以来，在中央政府完全控制
之前，大后方和沦陷区诸省都成功地加强了省级结构。中央
政府返回南京，控制了上海这一最大沿海港口后，垄断了外
国援助，包括资金、武器和装备，但在南部、西部和西北
部，以及共产党领导的北部，有许多省份开始以最快的速度
重整税收和武装力量，以摆脱中央政府的控制。

　　掌控南京政府的国民党右翼认为，中央政府若想集中全
权，应当制定国家经济现代化和政治改革的蓝图，并制定付
诸实施的时间表，这才是将所有地方权威集中到中央政府最
有效、最便捷的办法。根据这种观点，国内落后和欠发达地
区都应该静候，等待中央政府的工作推进到那里，那时所有
问题将有序得以解决。持有这种观点的群体依赖外国的不断
援助，如有必要，他们会基于这种外力将其观点强加于任何
抵抗者身上。

　　而国民党内部温和派、走中间路线的民主党派和共产
党都持相反观点。他们认为，中国幅员辽阔，国土面积与美
国相当，正如美国一样，中国也划分为若干自给自足的经济
区。这些地区交通方便（尽管大部分交通工具是原始的），

足以支撑必要的食物和商品交换。中国和美国的不同之处在于，美国的国家运输系统是将所有的自然经济区连接成一个巨大的国家市场。而中国的全国市场在未来很长时间内都不会发展起来。因此，中国应首先让现有各省人民根据"省权"纲领加强自身政治组织，而不是接受中央政府任命的省主席和军事司令官。随着各地区政治效率的提高，经济发展出现盈余，各区域相互联合，从而形成更牢固的政治结构和更密切联系的经济体系。各地在发展过程中，应该明确将权力委托给代表全体的中央政府。随着全国联系更为紧密，中央政府的职能应会相应增加。

　　不幸的是，这些观点的冲突不仅涉及未来的理论问题，还涉及中国承继自历史的现实问题。纵观中国漫长的历史，当旧王朝衰落，新王朝取而代之时，新王朝统治下的"统一"通常具有武力的诸多特征。新王朝建立者将加强管理松散的组织，迫使自给自足的地区向其朝贡，并接受朝廷委派的高级官吏。通过武力实现统一的模式，实际上在 1927 年至 1937 年间反复出现。那时，国民政府利用内战这一双刃剑以反对共产党。在国共内战中，战斗区域有可能会对共产党开放，由此，他们就能撤退至未被国民政府完全控制的省份。另一方面，出于对共产党的恐惧，有的省长也会被迫接受政府军队、随军的政府银行、税务员以及行政长官入境。一般后果是该省民众的赋税被加重，政府征用更多的人力和粮食，但民众却并未得到一点代表权和个人自由。如今，人们已充分认识到，中国内战的特征和后果十分可怕。为了防

202

203

止内战爆发，为了将国民政府的权力控制在一定范围内，目前出现一种强烈的趋势，即形成广泛联盟，包括共产党和旧式各省的利益集团等各类群体。这种联盟不是以共产主义思想为基础，而是以具有广泛吸引力的概念和志向为基础，比如地方权益和个人自由。在此情况下，全国民众认为，国民政府最大的道德弱点是：他们在强势统治的过程中，不求助于民众，而诉诸外国武器和援助。

政党转型

在历史遗留的社会和经济遗产中，最难处理的是地主所有制。在中国政府官僚机构任职的关键是掌握极难的书写汉字的能力。地主阶级是传统中国唯一有资本将其子弟培养成政府官吏的有闲阶级，直到今天，"乡绅"或地主出身的人仍在政治上保持着很高的权威，在军队担任更高级别的职务。

孙中山创建的革命党，即国民党，在协调地主与强大的商业、近代中国日益增长的工业、银行以及劳工之间的利益平衡。然而，在全面抗战时期，当政府被迫迁入内地时，国民党内部的新势力失去对大部分工厂、货栈、银行存款和贸易系统的控制，这是他们权力和政治影响力的基础，因此地主不可避免地获得了相应的利益。

有些国统区出现这种趋势，而共产党根据地和大部分沦陷区则完全相反。虽然共产党的权力主要建基于农民阶级，

204

但出于联合地主目的，放弃对地主的"阶级斗争"。沦陷区有些地主为保全财产与日本人勾结。另一些地主则逃到大后方等待战争结束。因此，沦陷区抗日运动的主要力量来自农民和城镇的中产阶级，农民倾向于对共产党保持友好态度，城镇中产阶级曾是拥护国民党最先进的团体，但在战争的压力下，他们日益倾向于与共产党合作。

　　战时这种变化的结果是，国民党从代表不同集团及特殊利益集团的联合政党，逐渐转变为很大程度上代表地主和军官的右翼政党。与此同时，共产党在一定程度上已不再是仅主张进行激烈土地改革的左翼政党，而是在战后广泛致力于妥协、联合（各政党及群体）和创办私营企业。

　　战争时期，中国民主同盟的成立是另一个发展事件。1941 年，在前四川省主席的领导下，由许多温和小党派组成的民主同盟成立，其观点主要代表中产阶级的利益。这个党派人数不多，但这并不能说明它未来的影响力。事实上，自战争结束以来，民主同盟一直在迅速发展。之所以党派人数少，只有一个原因——即他们未能掌控任何武装力量。由于党派成员均出身于中产阶级，因而强烈反对官僚的大规模垄断，这种垄断阻碍了私营企业的发展。因此，他们强烈抵制国民党的集权专制。另一方面，他们相信共产党对私营企业的让步是真诚的，至少比国民党的口头民主承诺更真诚，他们和私营企业的密切关系也不会阻碍其与共产党的合作。尽管民主同盟人数不多，但对中国任何可行的妥协或联合都至关重要。富有经验的观察者认为，民主同盟的纲领代表了

205

中国大多数无组织的人们，他们不希望任何一方专政，认为右翼专政更加危险。

据说，中国的基本问题有时堪比美国酝酿了数十年最终导致内战的基本问题，即以武力进行统一，因为"坍塌的房屋本身无法挺立"。这表现了他们对历史的无知。美国在内战时早已在联邦政府统治之下，而中国历史上并未出现过这种联邦式联合。这种联合是美国南北各州在革命结束时，通过制宪会议自愿达成统一协议，而不是通过强迫的方式。因此，南方十一州脱离联邦宣告独立，正是企图用武力打破依据协议建立的联邦。

真正应该比较的是现在的中国与革命制宪会议时期的美国。中国经历了相似的革命战争。如今问题在于，中国要通过谈判协议以实现美国制宪会议所取得的成果，当时美国的宪法被看作是州权和联邦政府中央集权之间一种公认的妥协。另一个比较相当重要。当时许多普通的美国人都拥有武器，而欧洲人则没有。正因如此，美国人必须妥协，因为不能将单方面的决定强加给拥有武装的民众。这个因素在中国也至关重要。中国人拥有武器，因此他们能够抵制政府的独裁和专制。

从美国的案例可见，在某种程度上，中国内战的危险与外国干涉有关。当康沃利斯在约克镇投降时，如果德格拉斯将军敦促乔治·华盛顿在法国支持下宣布控制十三州，内战将不可避免。我们知道，有些美国人欢迎专制政权，但因为当时的政治家们都不支持这类观点，认为美国有足够的能力来解决自身问题。中国现在包括未来若干年都将需要这种宽容的态度。

中国的国际关系

中国是一个不容忽视的国家。即使被完全划分为不同国家的势力范围——在 19 世纪时它侥幸逃脱了这种命运，中国仍将在世界的平衡中占据重要地位。中国作为一个独立统一的国家，其地位和重要性将更加突出。因此，中国人会发现，他们在解决国内问题时，也会对其他国家和民众产生影响。

中国在世界安全机构和阻止第三次世界大战的问题上至关重要。日本曾位于世界强国之列，但日本战败后留下的空白有待填补。从长远来看，中国应能发展成为稳定团结的国家，将能够填补这一空白。归根结底，这主要影响美国和苏联，其次影响英国。相较于美国和加拿大，中国和苏联毗邻的边界更长，这对世界的稳定更为重要。如果苏联成为中国部分领土的保护国，而美国与苏联敌对，成为中国其余领土的保护国，则没有哪一方会成为赢家。边疆仍将成为世界上最重要的地区之一，但对全世界的安全威胁将更大。事实上，在亚洲大陆玩弄强权政治对任何国家都无益处。如果中国稳定局势进展缓慢，在世界和平机制中发挥作用较晚，最直接的后果或许是美国加大对日本重建的支持力度，使其成为美国在亚洲的前哨。

就贸易而言，工业产量不断扩大的国家，一直希望未来

208

能够开拓中国市场，但希望并未实现。若要将中国市场的潜在需求转化为实际需求，必须在提高国家总收入的同时提高个人平均收入，以增强人们消化投资和工业产品的能力。如若中国不进行基本的经济、社会和政治改革，那就不可能提高普遍增长的消化能力，而这正是近代中国政治中最具有争议的话题。因此，中国市场不太可能突然或显著地扩大，只会随着中国国内的稳定和其他国家对中国信心的增长而扩大，这更可能是一个渐进的过程。

就国际地位而言，中国和亚洲殖民地国家的关系与其和美苏英三强的关系同样重要。中国还要很长时间才能拥有赶上三强的十足实力，但在不久的将来，中国将有更好的机会在殖民地国家建立比三强更高的声望和领导地位。在 19 世纪帝国主义的胜利时期，中国是最重要的国家，因为它既不像印度完全沦为殖民地，也不像日本成为帝国主义国家并侵略别国。在二战期间，中国彻底恢复了被不平等条约侵犯的主权，成为亚洲国家的先锋队。像印度和其他殖民地国家，它们至今仍在争取彻底自由的道路上艰难前行。中国除保持独立外，在某种程度上展示了亚洲人民争取民主和进步发展的能力，亚洲其他地区争取自由的迫切要求也在逐渐增强。

由于中国与亚洲殖民地国家之间的这种关系，中国有充分理由不会发展取代衰落的英国、荷兰和法国的帝国主义。如果中国能够维护所有亚洲人民争取自由平等的道义权利，这将加强中国的国际地位。至少在理论上，这一事实已为中国所认可，蒋介石和宋子文等重要发言人的讲话也可证明，他们承诺中国将不会成为"另一个日本"。

　　然而，这个问题与许多外交政策一样，也有其国内意义。中国有许多少数民族，如内蒙古的蒙古族、新疆的维吾尔族及其他民族、回族、藏族以及西南地区的各民族。他们不是附属民族，有其自身的民族利益，或许与汉族也存在共同利益。1945 年 8 月 25 日，蒋介石在承认外蒙古独立的重要讲话中，谈到这些少数民族的权益，并将其与更大问题相联系，即殖民地国家的问题。然而，这个政策在国内的影响更为深远，因为对少数民族采取自由和进步的态度，汉人对民主形式下自治权利、特权和责任的要求便会增加。然而，迄今为止，国民政府对少数民族的这些宣言，并未有强有力的行动支持。

　　在联合国内部，中国能够发挥以及应该发挥更重要的作用，正如其独立的外交政策一样。联合国内部的充分合作符合中国的利益，因为中国比大多数国家都更希望通过合作获益；但合作的前提是国家独立，而非作为其他国家的附属。这再次说明中国的国际地位与国内的团结和进步相联系，因为只有通过暴力才能维持表面稳定的国家，实际上其强硬而独立的外交政策，与被内战撕裂的国家所能维持的外交政策相比好不了多少。

美国的对华政策

　　美国现在和未来的对华政策，将在多年里持续考验其

政要。美国与中国的政治关系，一方面会影响美国与英国的
关系，另一方面会影响美国与苏联的关系。美国与中国的经
济关系，对美国短期的经济调整和长期的经济发展都将至关
重要。

美国对华政策曾于战争期间出现过危机，当时史迪威将
军坚持认为中国全面抗战才最符合美国的利益，他因此被召
回国，高斯大使也辞职以示抗议。

当高斯和史迪威回国后，美国对华政策发生转变。美国
的援助开始只针对国民政府，而且大大增加援助规模。在日
本投降时，许多由美国军官训练并配备美式装备的师团还未
来得及大规模投入战斗，由此美国的政策失去了平衡。这些
未对日作战的师团是由美国训练，又配备美式武器装备，因
此当他们准备发动内战时，人们不可避免地会认为美国支持
中国发生内战。特别是训练和供应计划还大幅增加，甚至在
抗战结束后，还有新的师团在训练。自国民政府军队使用美
国军舰和飞机以来，每次战斗都对国民政府有利，对共产党
不利，由此，人们更认为美国在大规模干涉中国内政。

为了纠正美国政策的过度失衡，马歇尔将军作为特使被
派到中国，这表明美国不是单方面解决中国内部问题，而是
愿意充当双方解决问题的调解者。然而，大国政策一旦失去
平衡，就很难恢复，若要恢复平衡而不会给人其他方面失衡
的印象，也是非常困难的。由此，美国对华政策如今面临着
强大而矛盾的压力。

因为中国内在虚弱，美国全面干预政策的逻辑结果是

将中国变成美国的印度，然而，正当印度逐渐从英国统治的重负下崛起之时，美国却企图以多种方式将中国变成下一个印度，这将会使美国颇为难堪。中国发展成为一个稳定、进步并且真正独立的国家显然符合美国利益。而中国要成为一个真正独立的国家，就必须不依附于美国、苏联或任何其他大国。因此，判断中国的稳定和进步，必须以国家整体实力和主要政党是否有能力将人民的物质生活水平提高至超过勉强糊口的水平来衡量。中国及其政党必须证明其政治独立自主，经济方面具有生产能力。在这个意义上，民选政府能做到保持国家的稳定和进步，而委派官僚的政府却不能——尤其是官僚政府太过羸弱，不得不经常请求外援，才能维持对民众的"强势"统治。

213

美国的对华政策可比作一个三角形的顶角。三角形底部的一角是美国对英国和其他帝国主义国家的政策，这些国家正在努力解决战后帝国主义问题。它们或是努力摆脱帝国主义，以实现有序的蜕变，或是努力维持帝国主义，必要时会使用武力，这都取决于美国采取何种支持它们的方式。三角关系底部的另一角是美国对苏政策。这有两条路线可供选择：一是在中国内政上达成互不干涉的协议；二是采取"美国世纪"政策，即将日本建设成对抗苏联的前哨的同时，支持中国最反苏的政党，不管这个政党的其他情况如何。

因为三角形的底部可以选择，所以三角形的顶角也可以选择。美国对华政策可采取近代帝国主义的形式，包括经济控制和政治庇护。美国也可采取援助中国发展的方式，即帮助中国完成政治经济的独立。后一种发展需要时间，而且只有在长期和平的政治环境中才可实现；但一旦完成这种发展，中国就可以更长久地延续世界和平。

美国的对华政策既受制于其帝国主义政策，也受制于其对苏政策，这一点再次表明，我们生活的时代，不只有"欧洲问题""俄国问题""近东问题""印度问题"或"远东问题"。那个时代已经结束。从今往后，我们生活的时代只有"世界问题"。我们能否在新世界获得成功，取决于这两件事的相互影响：一是各国在内政上的成败，二是各国在世界秩序中毗邻相处的成败。

索引

图书在版编目(CIP)数据

拉铁摩尔中国史/(美)欧文·拉铁摩尔(Owen Lattimore)(美)埃莉诺·拉铁摩尔(Eleanor Lattimore)著,李稳稳译. —上海:上海人民出版社,2023
(拉铁摩尔著作集)
书名原文:China:A Short History
ISBN 978-7-208-16921-0

Ⅰ.①拉… Ⅱ.①欧…②埃…③李… Ⅲ.①中国历史-通俗读物 Ⅳ.①K209

中国国家版本馆 CIP 数据核字(2023)第 165301 号

责任编辑	肖　峰
营销编辑	池　淼　赵宇迪
装帧设计	别境 Lab

拉铁摩尔著作集
拉铁摩尔中国史
[美]欧文·拉铁摩尔、[美]埃莉诺·拉铁摩尔 著
李稳稳 译
袁　剑 校

出　版	上海人民出版社
	(201101　上海市闵行区号景路 159 弄 C 座 2 楼 201 室)
发　行	上海人民出版社发行中心
印　刷	上海盛通时代印刷有限公司
开　本	635×965　1/16
印　张	12
插　页	5
字　数	115
版　次	2024 年 1 月第 1 版
印　次	2024 年 1 月第 1 次印刷

ISBN 978-7-208-16921-0/K·3045
| 定　价 | 78.00 元 |

China: A Short History

by Owen Lattimore & Eleanor Lattimore

Copyright © 1947 by Owen and Eleanor Lattimore

This edition is authorized by David Lattimore

Simplified Chinese translation copyright © 2024 by Shanghai

People's Publishing House

A division of Shanghai Century Publishing Co., Ltd.

ALL RIGHTS RESERVED